创新合作

——大学科技园与跨国公司研发中心

张晓华　著

南开大学出版社

天　津

图书在版编目(CIP)数据

创新合作 ：大学科技园与跨国公司研发中心 / 张晓华著. —天津：南开大学出版社，2014.11

ISBN 978-7-310-04690-4

Ⅰ. ①创… Ⅱ. ①张… Ⅲ. ①高等学校－高技术园区－研究－中国②跨国公司－技术开发－研究－中国 Ⅳ. ①G649.21②F279.247

中国版本图书馆 CIP 数据核字(2014)第 245989 号

南开大学出版社出版发行

出版人：孙克强

地址：天津市南开区卫津路 94 号　　邮政编码：300071

营销部电话：(022)23508339　23500755

营销部传真：(022)23508542　　邮购部电话：(022)23502200

*

天津市蓟县宏图印务有限公司印刷

全国各地新华书店经销

*

2014 年 11 月第 1 版　　2014 年 11 月第 1 次印刷

230×170 毫米　16 开本　14.75 印张　2 插页　151 千字

定价：36.00 元

如遇图书印装质量问题，请与本社营销部联系调换，电话：(022)23507125

内容提要

本书系统阐述跨国公司研发中心与我国大学科技园合作的理论基础和实践探索，论证创新合作的可行性。具体分析了跨国公司在华研发合作战略变化，跨国公司研发外部合作趋势，跨国公司在华研发合作需求，东道国政府科技创新战略，大学科技园与跨国公司研发中心合作动因、合作基础、合作条件、合作模式、合作中存在的问题并提出政策建议，特别列举大学科技园与跨国公司研发合作的10个案例进一步阐释创新合作是我国大学科技园未来发展方向。本书对完善国家科技创新体系和提升自主创新能力，提升大学科技园的研发能力和影响力具有重要的现实意义。本书对大学科技园、政府有关部门、跨国公司及其他企业管理人员和高等学校师生有一定参考价值。

序

我国大学科技园已经走过了 20 年的发展历程。在世界科技革命快速发展，经济全球化不断加深，世界科技与教育一体化趋势不断增强的背景下，要在国家技术创新中真正发挥先导作用，既是我国大学科技园发展的根本方向，也是大学科技园发展过程中始终面临的难题。大学科技园有多种选择发展的途径，但坚持扩大对外开放，吸引代表世界最先进技术的跨国公司进入大学科技园开展研发合作是一项重要的战略措施，应给予高度的重视和深度的研究，大学科技园与跨国公司研发中心的合作具有广阔的发展空间。

大学科技园与跨国公司研发中心有效的合作是近距离学习跨国公司研发中心卓越的市场开发与运作能力、科技成果转化途径、创新人才培养模式、技术创新管理的经验和技巧的极好机会。通过合作必将高效快速地提高我国大学科技园科技创新能力，同时对全面提高我国整体科研水平和创新能力起到积极的促进作用。

考虑到我国大学科技园与跨国公司研发中心合作尚处在初期阶段，因此，加强政策引导、加强管理以及对提供配套服务等方面的研究，将有利于深化产学研合作体系，并通过大学科技园这个平台，促进大学科研成果的转化和产业化。由于我国大学自身研发的水平和能力所限，往往离国际上最先进的技术创新还有相当的差距，跨国公司研发中心代表研发的最高水平，引领世界科技创新的新潮流，能够与之合作，我国大学的科研创新水平将得到迅速提升。

研究大学科技园与跨国公司研发中心合作的必然性和跨国公司研发的外部合作趋势，进而分析与研究我国大学科技园与跨国公司研发中心合作的可行性、合作的模式、途径、存在的问题，为今后我国大学科技园与跨国公司研发中心的深入合作提出切实可行的对策建议，是摆在我们目前紧迫而现实的问题，具有重要的学术研究价值和实践指导意义。

通过对我国大学科技园发展所取得的成效、未来科技创新的客观需要以及对跨国公司在华研发需求所做的分析，表明跨国公司研发中心与我国大学科技园合作具有内在必然性。表现为跨国公司在我国的研发合作战略发生的新变化：跨国公司研发中心规模扩大，研究的内容已由一般适用市场的应用研究扩展到基础研究，并向多行业、多领域扩展，跨国公司研发中心的设立地点已由少数大城市向其他城市及内陆延伸，推行人才本土化战略，且以独资为主。

大学科技园与跨国公司研发中心合作已经具备了一定的条件，符合国际发展潮流，是大学科技园自身研发需要。大学和大学科技园的雄厚科研能力使这种合作成为可能，跨国公司研发中心与大学科技园合作已有了初步的尝试，并且创造了多种合作模式。

目前，大学科技园与跨国公司研发中心合作还存在着管理体制和运行机制、场地面积有限、缺少规划和扶植政策、资金缺乏、知识产权保护不够等问题。提出进一步改进大学科技园科研创新体制，建立完善的风险投资机制，加大与跨国公司研发合作力度。包括建立大学科技园联合机制，加强政策引导，扩大税收优惠，设立专项研发基金，提供优惠贷款、把握合作的主攻方向、大学科技园与周边其他园区联动形成创新集群等对策建议。

总之，我国大学科技园已经具备了与跨国公司研发中心深入合作的条件，具有现实的可行性。

目　录

引　言

21 世纪初，我国大学科技园蓬勃兴起，而跨国公司在我国设立研发中心，也呈快速发展势头，跨国公司研发中心与我国大学科技园开始进行越来越多的合作，发展势头很好。无论是大学科技园的建立，还是跨国公司研发中心在我国的出现，都是基于经济、科技与教育全球化这个大的形势和背景，有其历史必然性，但由于彼此合作发展的历史较短，特别是相互间的合作开发还未得到应有的关注和研究。

国内理论界的研究主要集中在大学科技园本身的发展以及跨国公司在华研发上，这些研究都比较全面。比如对大学科技园的发展模式、管理体制、企业孵化、科技创新、人才培养等都有比较系统的研究，对跨国公司在华研发的策略、动向、效果、存在问题、政府的管理、扶植政策等的研究也都很到位。但对跨国公司研发中心与我国大学科技园的合作则很少有专门的论述，没有展开全面系统的研究。

近年来，理论界开始注意到跨国公司与大学科技园合作的动向，王晓雪、屠梅曾提出针对我国一些具有高科技实力和经济实力的大学在各级政府的支持下创办大学科技园的发展现状，分析了跨国公司和大学科技园的互动关系，从跨国公司和科技园的关系中探讨跨国公司参与的科技园如何与区域经济进行互动。①

陈海平提出大学科技园支持高校和跨国公司研发部门进行合作探究，建立战略技术联盟，在把握国际产业动态的同时，为我国高校原始性创新积累经验，增加知识存量，缩短和发达国家科技成果产业化之间的差距。②

一些国家大学科技园的管理者也在积极呼吁大学科技园与跨国公司研发中心扩大合作。清华科技园发展中心主任梅萌教授提出，世界500强企业是公认的世界级的大企业，其技术和管理都是世界超一流的，吸引它们在科技园建研发机构，与大学建立紧密的合作关系，将会促进大学科研水平和园区企业技术水平的提高，也将对园区企业的创新起示范带动作用。③

清华大学薛澜教授指出，跨国公司与中国大学的合作确实越来越多，合作越来越深入，而且增长也比较快。跨国公司与高校合作的目的，一是为公司发展寻找和培养优秀的人才；二是为公司树立良好的形象；三是树立产品形象，奠定潜在市场；四是联合研发，利用中国高校在科研方面的优势为公司提供相对“物美价廉”的服务。跨国公司逐步改变封闭研发的传统和提高效率，纷纷与中国的高校开展各种形式的合作，包括设立奖学金、捐赠资金和仪器设备、委托研究以及合作成立研发机构。跨国公司与中国高校的合作尽管正处于快速发展

---

① 王晓雪，屠梅曾. 跨国公司与大学科技园的互动关系. 哈尔滨理工大学学报，2006（6）.
② 陈海平. 大学科技园催化高校科技成果产业化进程. 科技创业月刊，2006（4）.
③ 梅萌. 中国新闻网 http://www.bj.chinanews.com.cn/news 2006 年 11 月 15 日.

阶段，但相对跨国公司在华研发投资的整体投入，相对跨国公司与世界一流大学的合作深入程度，相对于我国高校国家级和部委重点实验室的规模，两者之间的联合研发机构仍处于起步阶段。从人员、经费、项目规模和成果产出等指标看，跨国公司与中国高校联合研发机构的整体规模还相对有限。但其技术活动已经在研究人员科研能力的提升、大学知识网络的扩展、促进学科平台和研究队伍的形成等方面对我国大学自主创新能力的提升产生了直接的“推动”和明显的“催化”作用，表现在：联合研发机构的建立，有利于高校科研队伍的建立和科研人才培养；联合研发机构研究过程中双方的知识交流，增强了大学研究人员的研究能力和科研管理能力；联合研发机构促进了高校技术合作网络的形成和学科科研平台的建立。一些大学愿意与跨国公司而不是中国企业进行研发合作，除了看重跨国公司具有的资源和技术优势外，其相对中国企业的科研管理水平和操作的规范性也是重要原因。不管是大学还是跨国公司，都希望通过合作获得有形和无形的利益。①

但这些研究对我国大学科技园与跨国公司研发中心合作的动因、合作的模式、存在的问题、今后的发展方向、扶植政策还没有进行具体的系统分析论证。作者近年来曾对大学科技园和跨国公司研发中心合作的问题进行了专项课题研究，先后承担了全国教育科学“十五”规划教育部重点课题“大学科技园与跨国公司研发中心开展合作的可行性研究”、北京市教委课题“大学科技园与跨国公司研发中心合作模

① 薛澜. 跨国公司在改变封闭式研发的传统 http://finance.sina.com.cn/leadership/msypl/20060630/13152695499.shtml.

式研究”，并取得了一些初步的研究成果：《大学科技园与跨国公司研发中心合作的可行性研究》（北京工业大学学报（社会科学版），2010年5期）、《跨国公司研发中心与大学科技园合作模式探讨》（北京工业大学学报（社会科学版），2011年4期）等。经过这几年的深入研究和对多家大学科技园的实地考察，形成较为系统的分析思考。

分析我国大学科技园和跨国公司研发中心合作的必要性和可行性，将我国大学科技园在与跨国公司研发中心初步的合作实践加以总结，旨在为我国大学科技园与跨国公司研发中心合作提供可参考借鉴的途径、方式和相关政策，加速我国大学科技园在研发领域与国际接轨，营造激励自主创新的环境，提高我国大学科技园的发展水平和自主创新能力，使其持续健康发展，真正成为国家创新体系中的重要组成部分，实现我国研发整体水平的跨越式发展，为建设创新型国家做出应有贡献。

大学科技园与跨国公司研发中心开展合作的可行性研究具有十分重要的战略意义和现实意义。一方面，要增强我国大学科技园与跨国公司研发中心开展合作的重要性的认识。我国大学科技园已经走过了20年的发展历程，在国家技术创新中如何发挥先导作用，是大学科技园发展的根本方向和始终面临的难题。我们有多种选择的途径，但坚持扩大对外开放，吸引代表世界最先进技术的跨国公司进入大学科技园开展研发合作十分必要，各大学科技园都应对此给予足够的重视。另一方面，要总结以往大学科技园与跨国公司研发中心合作的经验教训，发现存在的问题，提出相应的对策建议，创造良好的合作环境，全面扩大与跨国公司研发中心的合作，进一步提升大学科技园的研发水平和创新能力。

我国大学科技园与跨国公司研发中心合作尚处在初期阶段，如何加强政策引导、如何加强管理、政府如何提供配套服务等都需要深入地研究。特别是通过大学科技园这一平台，进一步促进大学的科研成果转化和产业化，完善产学研合作体系。但由于大学自身研发的水平和能力所限，与国际上最先进的技术创新还有相当的差距，跨国公司研发中心代表研发的最高水平，引领世界科技创新的新潮流。能够与之合作，我国大学的科研创新水平将会得到迅速提高。通过扩大大学科技园与跨国公司研发中心合作，更有利于改善投资环境，提高利用外资水平，可以使跨国公司在华从事研发更便捷，收效更大，这必然会吸引更多的跨国公司研发中心进入我国市场，从而引进更多的先进技术，形成良性互动。

对此，紧紧围绕世界科技革命快速发展，经济全球化不断加深，世界科技与教育一体化趋势增强的大背景，重点分析我国大学科技园发展的新形势，跨国公司研发战略的新调整，分析与研究我国大学科技园与跨国公司研发中心合作的可行性、合作的模式、途径、存在的问题，为今后我国大学科技园与跨国公司研发中心的深入合作提出切实可行的对策建议，这既是研究的出发点，也是研究的落脚点。

由于跨国公司研发中心与我国大学科技园的合作尚在初始阶段，国内还没有系统的专门研究，理论界的研究主要是集中在对跨国公司研发中心本身发展变化的研究上，对我国大学科技园的研究也主要是围绕科技园自身的发展与完善来进行研究。而跨国公司在全球技术发展中占有非常重要的地位，它们生产、拥有和控制了世界上绝大部分的先进技术，其垄断特征明显，跨国公司在全球竞争中不断调整其在华研发战略。

大学科技园是我国高等院校产学研一体化的综合体现，经过 20 年的探索实践，在科技研发自主创新上取得了突破性的进展，但面对科技革命的新变化，科技创新的新要求、新模式，如何采取有效的政策措施，将研究的视野由自我发展拓展为与跨国公司研发中心合作开放，展示我国大学科技园未来的理论发展和科技创新实践，按照当前世界科技发展趋势以及我国加快产业结构调整，提高自主创新能力的迫切需要，在最大限度地发挥跨国公司研发中心积极性的同时，通过与其合作来提高大学科技园的自主创新能力，真正做到双赢的合作。对这种关乎大学科技园的深度发展与重新定位的战略性问题，表明此项研究具有相当的难度。

本书分三篇展开论述：第一篇合作理论探源；第二篇合作可行性分析；第三篇合作模式评述。

第一篇　合作理论探源

纵观科技革命发展的历程，我们会发现：科学技术本身愈加复杂且多学科交叉，每项科学研究的投入倍增。大学作为科学研究的主体单位也越来越由相对封闭式研究走向开放式研究，并寻求与业界特别是跨国公司的合作。而跨国公司出于竞争的需要，也将其研发活动外部化，并与其海外扩张相结合，充分利用东道国大学科研力量强化研发合作，东道国也借助与跨国公司研发合作提升自身的科技创新能力。这种跨国公司与东道国大学的研发合作体现了当代科技创新的外部化和国际化的发展趋势。

第1章　国外大学科技园研发合作理论

大学科技园伴随着当代科技革命的深入发展应运而生，它既体现了当今科技创新的特质，也同时担当了科技创新活动的载体。大学科技园作为科技研发的最前沿，它的科技创新活力以及未来的发展必然与跨国公司研发合作紧密地联系在一起。

1.1　科技创新推动大学与外部合作

大学科技园的产生是大学科技创新与企业合作的结果。科技革命发展促使大学与科研机构及企业结合，科技革命和任何技术创新活动都离不开大学和研发机构，为了加快科技创新的发展，各国都在不同程度地加大对大学和研发机构的投资。现代科技革命的特点表明，绝大多数科技发明和创新都需要相当数量的人力、财力、物力的投入，甚至是集团联合作战,大学里的多数科研项目都需要大量的经费支撑，大学的自身资金又有限，仅靠政府和大学自身的投入是远远不够的，这就需要借助更多的外部力量，尤其是与企业的合作。

大学的科研成果需要产业界的检验。大学的研发技术创新单由大学自己来完成是不行的，现代技术创新活动的一个突出特征是各经济体内部和彼此间的合作与交流，任何一项新技术的产生既要有内部的分工合作，也要有外部的彼此交流与合作，特别是产业界要对创新技术的实际应用要求、市场价值及检验结果不断地提出反馈意见。因此，大学技术创新活动必须与科研机构或企业进行合作，做到产学研有机地结合。鉴于跨国公司是全球新技术的创新主体，许多技术创新项目都是与跨国公司共同完成的，期间也离不开与大学的合作。因此大学的研发活动与跨国公司的研发活动是密不可分的，世界上著名大学的技术创新活动无一不是和跨国公司密切合作的。

1.2 大学科技园顺应企业科技创新需要

20 世纪 80 年代以来，伴随着世界科技革命的浪潮，在全球范围内掀起了兴办科技园区的热潮。关于大学科技园的提法，美国最早曾称为“研究园”（Research Park），英国称为“科学园”（Science Park）或“技术园”（Technology Park），法国则称为“科学城”（Science City），等等，现在形成了比较明确的名称——“大学科技园”。

1951 年，世界上第一个大学科技园诞生在美国加利福尼亚州的斯坦福大学，后来发展为著名的“硅谷”。斯坦福大学科技园拥有斯坦福大学、加州大学伯克利分校和加州大学旧金山分校等世界一流大学和斯坦福直线加速器中心、阿莫斯航天研究中心、劳伦斯·伯克利实验室等美国一流科研机构。到本世纪初，硅谷的高科技公司就已达到近万家，成为国外最大、最密集、最具有创造性的高科技产业群。美国有 30 多个州按照“硅谷”模式建立了 200 多个高新技术园区。根据国际大学科技园区协会（AURP）的统计，美国 2008 年总共有 123 所大学科技园，包括著名的斯坦福科技园、康奈尔科技园、北卡罗来纳三角科技园等。[①]

1970 年，英国剑桥大学建立剑桥科技园，利用学院传统的科学和创新优势，加速科研成果的转化，剑桥地区的高技术公司中约有 10%～15%在科技园内，许多外国大公司都在科学园内开设了分公司，剑桥研究中心的实力，吸引着越来越多的公司。1984 年，圣三一中心成立，政府也采取了许多扶植政策，更多数量的高科技企业不断衍生，特别是从大学学院衍生出的公司其成功经验鼓励了更多科技公司进入科技园，到 1987 年，就有近 500 家高新技术企业。90 年代，IT 行业促生了新的经济增长点，科研实力雄厚的剑桥科技园又得到了飞速发展，催生出一大批富有活力的小型科技企业，生物科技、设备制造、网络软件、打印系统等高科技行业迅速发展。以高科技为核心的公司增长到 1200 家，雇用员工 3 万多人，年收入 30 多亿美元。[②] 英国大学科技园发展非常迅速。根据英国科技园区协会（UKSPA）的数据，英国大学科技园的数量从 1989 年的 32 家，增加到 1999 年的 46 家。而到了 2003 年，全英国共有 250 家左右的孵化器和科技园，其中有 100 家大学科技园（UKSPA，2003）。[③]

---

① 苏竣，何晋秋等著.大学与产业合作关系——中国大学知识创新及科技产业研究. 北京：中国人民大学出版社，2009：15.

② 剑桥科技园网站. http://www.cambridgesciencepark.co.uk/.

③ 苏竣，何晋秋等著. 大学与产业合作关系——中国大学知识创新及科技产业研究. 北京：中国人民大学出版社，2009：151.

1983 年德国柏林工业大学建立了德国第一个大学科技园——西柏林革新与创业中心。到 2007 年，全德共有 300 多个科技园区和孵化器。

法国在 1969 年开始建设索非亚·安蒂波里斯科学城，以后，又建立了几十个大学科技园，如雷恩大学科技园、里昂大学科技园、蒙彼利埃大学科技园、马赛大学科技园等。

日本于 1980 年建成大学科技园——筑波科学城，后来又建日本神奈川科技园。

1990 年印度成立班加罗尔软件科技园区，如今已经成为全球第五大信息科技中心。

新加坡建立了腾飞科技园。

1976 年中国的台湾省在交通大学和清华大学所在的新竹地区设立了新竹科技园。

1974 年，韩国创办大德科学城，该园区已成为韩国最大的产、学、研综合园区，汇聚了 4 所高校、70 多家科研机构、2000 余家高技术企业、几万名研发人员。①

大学科技园经历了一个从 20 世纪 50 年代的创立，80 年代初步成长，90 年代快速发展，本世纪初稳步发展阶段，至今全世界已有各类大学科技园 1000 多个，其中 80%在西方发达国家。②

大学科技园的诞生符合当代科技革命发展的特征，迎合企业特别

① 谢辉，张武军. 关于国外大学科技园发展建设经验探析. 中国高教研究，2009（2）.
② 刘文霞，钱振华，赵勇. 大学科技园管理机制研究. 科教文汇，2011（29）.

是跨国公司科技创新的需要。国外大学科技园与企业合作是科技创新的潮流和发展趋势。现已形成的一批著名的大学科技园，对世界科技与经济的发展产生的巨大影响和积极作用，已为世界各国政府和企业界所认同。

大学科技园的发展符合当今世界科技革命发展的潮流与趋势，它从一开始诞生就带有和企业合作的鲜明特征，作为一个内涵丰富的载体，实现了大学、创新企业和风险投资相结合，它通过大学与产业界的联系与互动，推动了知识经济的孕育与发展，推动了发展创新技术与培育创新型企业的成长，在发挥大学的知识优势，促进大学科研成果向企业转移和扩散的同时，也推动了大学整体教学科研和知识创新质量的提升。

1.3　大学科技园是高科技企业孵化器

总结全球一些高科技企业密集形成地区的规律性现象，那就是大都与著名的大学相邻。有的一开始就是大学创办的企业，很多科技创新的项目就在大学里进行，大学科技园有条件将这些科技创新的成果直接进行孵化，然后进行企业规模生产，由于技术创新是一个不间断的连续过程，这些科技企业要不断地得到大学的技术指导和支持，大学的科技创新活动也需要在高科技企业里延续进行，这样就使得大学—科技园—高科技企业相伴而生，共同发展。世界各国建立的各种高科技园区大都与大学相关，很多就直接依附于大学科技园，从而将大学的科技创新产业化与科技企业紧密结合起来。

譬如，斯坦福大学在 IT 领域的研究具有领先地位，“硅谷”就随之产生大批的与信息技术相关的高科技企业。硅谷 50%的高科技企业的收入是由萌芽于斯坦福大学的公司创造的。波士顿地区的肯德尔园区聚集了大量的生物技术公司，这些公司都与麻省理工学院和哈佛大学在这一领域领先的科技创新研究密切相关。

剑桥大学在计算机、物理和生物科学等领域的学科优势和雄厚的科研实力以及鼓励创新的精神，充分体现在剑桥科技园的建设上，极大地推动科技园高技术产业发展，为科技园的发展做出巨大贡献。剑桥大学不断地将自己的科研成果进行产业化，直接诞生了大量的高科技企业，剑桥大学科技园周围的上千家高技术公司，大部分企业与剑桥的科技创新有关。诺基亚、甲骨文、日立、施乐、微软等跨国公司也纷纷在剑桥科技园设立分支机构或研发中心，剑桥科技园已成为英国电子信息产业高技术中心，成为推动英国和欧盟电子信息产业成长的重要引擎之一。纳米技术、无线技术（如超宽带）、3G 移动电话技术等新技术领域成为科技园区内一个主要的发展领域。剑桥科技园的发展极大地推动了当地区域经济和高技术产业的发展。

德国新企业的选址战略则明显倾向于在大学附近。

大学科技园已经不是一个简单的地理概念，它通过一定的地理空间将大学、跨国公司的实体以及一系列科技创新的服务机构连接起来。其逻辑顺序是：首先由大学发起建立科技园，然后设立了众多的企业，甚至建立了研发产业区和高科技工业区，最后大学科技园的地理界线越来越模糊，发展成为科研、孵化企业、初具规模的高科技产业的集合体，实际上是一个现代科技创新集群。

1.4　大学科技园是研发体系组成部分

近年来，西方发达国家的大学科技园在各国的科技创新体系建设、高新技术产业的形成和发展过程中，一直扮演着十分重要的角色，起着核心作用。大学通过大学科技园平台建立了与企业的联系，企业与大学的科技创新合作更加紧密，已进入良性循环。大学科技园定位科学、功能明确，对科技创新活动的作用与意义十分突出。许多国家政府高度重视大学科技园的建设和规划，要求在大学科技园进行产、学、研合作研究。并且在大学科技园建立了完善的风险投资，使得科技成果都能够顺利转化为商品，实行市场化的运作机制，孵化高科技企业。大学科技园的科技孵化率普遍比较高，在“硅谷”能达到60%～80%。

世界科技革命发展使得大学科技园在研发中的重要作用日渐显现出来，极大地推动了科技创新的产业化和区域经济的发展。技术创新使大学与企业之间的联系愈加密切，世界上比较成功的大学科技园日益成为高新技术产业的重要发源地，许多重要的科技创新活动都在那里进行，也相应地诞生了许多著名的高科技企业。国外大学科技园最初以“硅谷”模式为标志，近年来呈现多元化发展趋势，许多大学科技园成为高新区和开发区以及技术创新的前沿和源头，在科技创新、高科技产业发展、推动区域经济增长等领域发挥越来越大的作用。

1.5 大学科技园研发合作是必然选择

当今世界跨国公司研发战略的重要特征之一是研发活动日益外部化和市场化，最典型的表现就是与大学的合作在加深，而大学科技园就是这种合作的有效载体，大学科技园都与跨国公司进行了良好的合作。大学科技园也因此成为研发活动密集区域，跨国公司也产生了一些研发企业，甚至形成了研发产业，如美国“硅谷”是研发产业的诞生地，也是高科技研发企业产生率最高的地区，生化、通信、电子、信息等研发领域的高技术公司总部纷纷落户“硅谷”，并与许多大学开展研发合作。美国一些州政府支持州内著名大学的某一主要研究领域与一些高技术研发公司在它们附近逐渐形成研发集中区域。

巴黎南部高科技园区就集中了法国技术学院和巴黎十二所大学以及大的跨国公司的分支机构，成为法国研发最集中的地区，区内有企业孵化器 300 多个。

第2章　我国大学科技园研发合作内在动因

我国大学科技园是国家科技创新体系的重要组成部分，它从一诞生就带有与企业合作的鲜明特征，其成长壮大也取决于能否成功地与企业展开科技创新合作，政府对大学科技园的相关政策也是围绕推动与企业合作来制定的。大学科技园与跨国公司研发合作是一项创新性很强的活动，涉及大学、企业和政府，有着多种因素和内在动因。

2.1　大学科技园源于和企业合作创新

我国从20世纪80年代中期开始探索建立大学科技园。我国大学科技园的定义是以大学为依托，利用大学的智力、技术、设备、文化等综合优势，通过多元化的投资渠道，在政府的政策引导下，在大学附近区域建立从事技术创新和企业孵化活动的高科技园。东北大学（原来的东北工学院）在1989年建立的东北大学科技园，是我国最早的大学科技园，主要从事软件和自动化技术开发应用。我国大学科技园伴随高新技术开发区和国家经济技术开发区的发展而兴起，大学科技产业和高新技术产业开发区的发展推动了国家经济技术的发展和科技创新能力的提升。由此可见，建立大学科技园的目的就是加强产学研合作，促进大学科研走出传统的校园与产业直接合作，与企业一起建立技术创新的孵化企业。

进入90年代以后，国家加快了科技创新的步伐，1999年举行全国技术创新大会，中共中央、国务院颁布《关于加强技术创新，发展高科技、实现产业化的决定》，其中明确提出高等院校要发挥自身的人才、技术、信息等方面的优势，加速科技成果转化和产业化，鼓励大学科研人员到高新技术企业，尤其是高新技术开发区去转化成果，同时鼓励高等院校创办科技园区，孵化高新技术企业，培养高新技术人才。

国家采取一系列政策措施，推进大学科技园建设，到2013年，国家确认了9批国家大学科技园，累计批准的国家大学科技园达到95家。国家大学科技园总体实力不断增强，国家级、省级和大学自办的三级大学科技园体系日趋成熟，我国大学科技园已进入稳步成长的新阶段。

大学科技园与企业的合作也达到了相当的规模，取得了一定的经验和成果，大学科技园与企业合作的直接成果就是孵化企业，这些孵化企业虽然规模都不大，但都属高科技企业，都是科技创新的结晶，孵化企业的产品都是业界最尖端的，很多孵化企业迅速成长为领先的明星企业。截至2012年底，我国大学科技园已累计孵化企业7369家，累计毕业企业总数5715家，在孵企业人数13.2万人，累计毕业企业总收入 1073.8 亿元。[①]

2.2　大学科技园与企业合作条件

根据《国家大学科技园认定和管理办法》规定，国家大学科技园，应具备的主要条件就是其和企业合作的科技创新能力，比如：必须以具有较强科研实力的大学为依托，大学科技园 50%以上的企业在技术、成果、技术转移和人才方面与依托高校有实质性关联。这里对大学自身的科技创新能力提出了基本的要求，大学只有具有相当的科研创新能力，才能与企业合作有效地指导在孵企业，而且大学科技园的企业应和大学本身的优势学科和重点科研内容紧密相连。大学科技园还要与该大学的人才培养直接相连，园区要建有学生科技创业实习基地，为大学生创业实习提供场地、资金、服务等方面的支持。

大学科技园也要有一定的运营实践，要求实际运营时间在 2 年以上，经营状况良好。要有专门的经营管理团队，管理人员中本科以上学历占 85%以上。提供给孵化企业使用的场地面积应占科技园可自主支配面积的 60%及以上。这里对大学科技园自身的管理机构提出了较高的要求，必须由高学历高素质的管理人员经营园区，提供专业化服务，而且园区的土地要求主要用于孵化企业的建设。

园区与企业的合作要具备相应的规模，形成一定的产业集群效应，要求园内的在孵企业达 50 家以上。由于科技创新往往风险较大，

① 科技部高教司. 国家大学科技园基本情况 科技部火炬中心网站. http://www.chinatorch.gov.cn/kjb/tjnb/201401/10.

又缺乏资金，因此要求园区内要有风险投资和金融机构进驻，园区筹措设立的种子资金不低于500万元，并至少有3个以上投资案例。[①]

2.3　与企业合作是大学科技园战略定位

与企业合作是大学科技园建设方向。当今世界科技园区发展日新月异，总的发展方向是科研单位特别是大学与产业的结合愈加紧密，从而使科技园区成为技术创新的前沿阵地，成为科研成果产业化的实验区、先导区。目前许多大企业在科技园区直接设立研发中心和生产单位等分支机构，或和大学联合开发科技创新项目。我国大学科技园学习国外科技园区建设经验，积极跟上世界科技园区建设步伐，就是要创造条件保证我国大学科技园的建设方向，即促进大学的科研更好地与企业合作创新。由此，大学科技园的发展才有生命力。

我国大学自身改革和发展的重要方向就是要最大限度地创造条件使大学的科研工作与产业实际需要结合，大学科技园是产学研合作最有效的载体。大学科技园的建设主要是依托大学学科优势，发挥拥有大量人才的研发优势，为大量积压和不断产生的高科技成果迅速转化及产业化提供重要平台，使大学与企业创新活动有机结合，形成完整的创新体系，同时也使大学的人才培养通过大学科技园的平台，更加贴近产业或企业的实际需要。

大学科技园是孵化科技企业的摇篮，是高技术产业的重要发源地和大学科技成果转化与产业化的重要渠道。大学科技园与企业合作最

---

① 科技部，教育部.《国家大学科技园认定和管理办法》(国科发高[2010]628号). 2010-10-15.

主要的成果就是孵化出高科技企业，虽然这些企业大都是科技型中小企业，但它们在科技创新方面有着巨大的潜力，一旦进入产业形成规模化生产后，其成长速度是惊人的。大学科技园的职责之一就是通过多种途径完善园区基础设施建设、服务支撑体系建设、产业化技术支撑平台建设，推动企业开展技术创新活动，加速大学科技成果转化与产业化。

大学科技园是国家创新体系的重要组成部分和自主创新的重要基地。在没有建立大学科技园之前，大学参与国家的科技创新活动主要是进行基础研究，很多科研项目是在实验室里进行。如果说与企业有科研合作，也主要是承担一些来自企业的委托项目，大学自主开发的应用技术并不多。我国的大学作为国家研究开发的重要力量，通过大学科技园的建设，使大学与企业在科技创新中实现有机结合，科技创新就更有针对性和实效性。在整个国家创新体系中，无论是原始创新、集成创新还是引进消化吸收再创新活动，都会发挥越来越重要的作用。大学在国家创新体系中也从以培养人才为主，转变为人力资源生产、知识生产、知识传播，以及越来越多地承担起行业技术进步和产业升级的重任。

大学科技园是地方经济发展的新增长点。通过大学科技园的建设，大学的技术、人才和知识与产业结合，一方面，科技成果迅速付诸实施从而建立一大批高科技企业，并源源不断地向周边地区辐射，另一方面，对所在区域一些原有企业和相关行业的技术创新和产业结构升级，都会产生巨大推动作用，培育出区域经济新的增长点，带动区域经济和社会实现跨越式发展。

与企业合作是大学科技园发展重要原则。大学科技园是否成功发展，要看能否建立与企业合作有效的运行机制，《国家大学科技园“十二五”发展规划纲要》提出，我国大学科技园未来发展的一条重要原则就是：科学规划，建立有利于政府、高校、企业、研发与创业人员等各种力量参与国家大学科技园发展的有效机制，实现国家大学科技园的持续发展。这就是说，大学科技园能否科学发展，要看是否充分调动各方面的积极性，特别是企业与大学的有机合作，依托大学的优势学科，针对当地的重点产业，进行原始创新、集成创新和引进消化吸收再创新，促进高校科技成果转化，在紧密合作的建设过程中，使大学科技园真正成为高新技术企业和培育战略性新兴产业的重要载体。

与企业合作是大学科技园发展重要目标。《国家大学科技园“十二五”发展规划纲要》提出的我国大学科技园发展的目标，主要也是体现在与企业的研发合作上。譬如，到 2015 年，全国大学科技园总数达到 200 家，三级体系进一步完善。国家大学科技园总数达到 100 家，园区可自主支配面积达到 1000 万平方米，依托专业服务机构总数达到 1000 家，在孵企业 8000 家。“十二五”期间，累计毕业企业 5000 家，服务企业 10 万家，转化科技成果 10000 项，培育创新创业人才 10 万人，依托国家大学科技园的学生科技创业实习基地 80 家，培育学生科技创业企业 3000 家。①

---

① 科技部，教育部.《国家大学科技园“十二五”发展规划纲要》（国科发高〔2011〕362 号）. 2011-8-5.

这些目标表明，未来大学科技园的发展主要是看，成功孵化的高新技术企业的数量、转化的科技成果数量等。当然，要实现国家大学科技园发展规划目标，必须是在与企业的合作中落实。

2.4　研发合作获得最先进的技术

经过多年的努力，我国大学的整体科研水平与规模有了长足的进步，已经初步具备与世界先进国家竞争的能力，大学科技园充分利用大学的科研优势，在技术创新上取得了很大进展，但与跨国公司研发中心的科研水平相比尚存在不小的差距，尤其是在科研成果转化成生产力方面更是差距明显。

通过与跨国公司研发中心的合作可以有效地跟踪国际上的最新技术成果。跨国公司在全球经济中，尤其是在高新科技领域具有举足轻重的地位，在许多方面拥有技术的垄断权或独占权。同时，跨国公司研发机构有着很强的技术创新和研发能力，并有一定的生产能力，在科技成果商品化和产业化方面表现出极强的市场运作能力。我国的大学和大学科技园，在接触学科前沿，开展科研工作方面也具有很多有利条件。因此，加强与大型跨国公司研发中心的合作，寻找行之有效的合作模式，高效快速地接触和了解世界最新技术的研发现状，对于全面提高我国大学的整体科研水平，提升大学科技园科技创新能力有着巨大的促进作用。

2.5 研发合作获得科研经费

当今世界各国高等院校发展的一个重要趋势，就是强调科研工作对高等教育发展的重要性，但我国大学科研发展的最大困难就是科研经费不足。这也是大学科技园亟待解决的现实问题。大学科技园科研经费的投入普遍偏低，科研经费投入不足，这势必影响科研项目的开展，也影响大学科技园的发展后劲。如果大学科技园与跨国公司在华研发机构合作，就能够获得一定数量的科研经费作为补充。同时，有些项目的研制开发，还能够获得国外捐赠的高新技术设备，譬如，微软公司等在国内一些重点大学设立技术中心，并提供大量设备支持，以其命名建立的许多实验室，已成为各大学重要的教育科研基地。IBM公司在1995年3月与中国国家教委签署了合作谅解备忘录，“IBM中国高校合作项目”正式启动。自1995年以来，IBM公司已向中国高校捐赠了价值人民币十几亿元的计算机设备、软件与服务。并通过“共享大学研究资助项目”与全国22所高校开展了50个联合研究项目。[①]

2.6 研发合作培养人才

从人才培养环境上看，大学科技园通过与跨国公司研发中心合作，最直接的示范效应是可以获得研发中心的最优环境，营造科技人才培养氛围，促进人才培养模式的调整和改变。从开发国际智力资源看，通过与跨国公司研发中心合作的平台，可以直接引进和利用国际

① 王志乐. 软竞争力——跨国公司的公司责任理念. 北京：中国经济出版社，2005：168.

上的研发人才。我国大学科技园的科技人员通过和跨国公司最优秀的研究人员在一起共同从事科技项目的研究，这对于提高他们的科研水平是最好的途径之一，不仅可以获得技术创新理念，还可以培养和向社会输送符合需求的创新型人才。跨国公司研发机构所从事的科研活动有其独特的管理体系，而且各个跨国公司在研发机构的管理上又各具特色，我国大学科技园通过与这些跨国公司研发机构的合作，还可以从中学习和借鉴跨国公司管理研发机构的经验，并运用这些先进的管理经验来提高我国大学科技园的科研管理与经营水平。

2.7　创新合作提升研发能力

我国大学科技园与跨国公司的研发合作有助于自身的提升并实现跨越式发展。跨国公司研发机构，如贝尔实验室、杜邦中心实验室、IBM 研发机构等，其在特定领域的基础研究水平相当高。从长远发展看，我国大学科技园与跨国公司研发中心合作，不但可以在应用技术研究方面得到提高，而且可以促进在基础研究方面的发展。

譬如，杜邦公司 2005 年初在上海张江高新技术开发区新建的一所公司级综合性研发机构投入试运营，目前已有 10 多种杜邦技术在中国的生产和研究机构得以应用。IBM 公司作为全球最大的信息技术和业务解决方案公司，1995 年成立 IBM 中国研究中心，150 名中国计算机领域科学家置身其中；1999 年成立 IBM 中国软件开发中心，开发具有中国特色和世界领先水平的软件产品和解决方案，该中心拥有 2000 名工程师，研究中心不断将技术与开发思路移植给本土的合作伙伴。IBM 公司在 2005 年进一步明确在中国发展的战略定位，即：保持快速成长，加强以解决方案和服务为核心的高价值业务，用创新帮助中国客户成功转型并提升其执行力、生产力和竞争力。①

可见，在知识经济时代，任何组织都不可能控制和掌握它所需要的所有知识资源，单个组织仅凭自身能力谋求发展将变得日益困难。拥有不同知识结构和知识层次的组织走向联盟是时代发展的必然。把握科技创新发展规律，积极谋求与跨国公司研发合作，促进知识流动和技术共享，对于快速形成独立的研发能力和提升自身的实力是十分必要的。②

2.8　技术创新需要研发合作

在技术创新日新月异的今天，尖端技术只有多方合作、资源共享，各产业良性互动、成功链接，构建开放式的科研平台才能得以完成。跨国公司在全球技术发展中占有非常重要的地位，它在生产、研发上控制了世界上绝大部分的先进技术。

我国的技术创新也要与跨国公司的研发结合起来，创新无论是原始创新，还是集成创新，以及引进吸收消化再创新都和对外开放紧密相关。原始创新并不是孤立的，在全球开放的环境下，原始创新也和跨国公司连在一起。在原始创新的时候，大学科技园与跨国公司研发部门进行合作研究，建立战略技术联盟，在掌握国际产业动态的同时，

① 王志乐. 软竞争力——跨国公司的公司责任理念. 北京：中国经济出版社，2005：160.

② 苏竣，何晋秋等. 大学与产业合作关系——中国大学知识创新及科技产业研究. 北京：中国人民大学出版社，2009：32.

为我国大学原始性创新积累经验，增加知识存量，缩短与发达国家科技成果产业化之间的差距，可使我们原始创新更迅速地与国际接轨。跨国公司也在一定程度上参与集成创新，大家共同在一个创新体系上合作。我国大学科技园以产学研创新集群模式，与跨国公司研发中心合作，可以极大促进技术创新所需各种生产要素的有效组合，并通过引进吸收消化再创新，能够使更多的跨国公司的先进技术直接进入我国创新体系。

在这方面，可以说我国的大学已经与跨国公司有了很好的合作实践，如清华大学与微软建立首家联合创新与知识产权研究中心，促进知识产权保护和可持续创新，该中心在创新、知识产权保护等领域展开广泛的研究，并通过跨行业、跨领域以及针对国际先进经验和最佳实践的相关研究，吸收借鉴国内外先进的研究成果，从而推动我国在创新和知识产权保护领域取得进一步的发展。

第3章　跨国公司研发外部合作理论

为了适应科技革命浪潮带来的科学技术研究的巨大变化，顺应经济全球化的发展和国际市场激烈竞争的需要，跨国公司的研发愈加外部化，越来越多地与外部特别是东道国展开研发合作。这种研发的外部合作既是对科技创新新形势、新特点的被动性适应，但更大程度又是跨国公司提升其竞争实力的主观调整。

3.1　联合研究是技术创新主要特征

自20世纪70年代进入以计算机互联网信息技术为代表的第三次科技革命以来，技术创新最显著的变化特征就是联合研究。

3.1.1　科学技术复杂性需要研发主体多元

当代科学技术本身的发展变得更加复杂化、综合化，各学科领域相互交叉，更加广泛地相互渗透和影响。科技创新大都需要多个研发主体的共同努力和协作才能最终完成。而且，社会分工的日益精细化，决定了科技创新往往需要多个研发单位的持续研发，联合作战，最终才能够进入生产环节。

3.1.2　科技创新耗资巨大决定要联合研发

当代科学技术的复杂多元，也决定了科技创新需要大量的研发经费投入，往往需要几亿、几十亿甚至上百亿美元的投入，一般的科技创新单位是无法承担的，即使是实力雄厚的跨国公司单独承担也往往受限其财力，风险也大。科技创新的主体必须与其他相关主体进行合作。比如，跨国公司与科研机构共同开发研究科研课题，或者跨国公司与大学联合开发某一科研项目，跨国公司也会与科研机构、大学三方联合进行研发。第三次科技革命以来，科技创新主要表现为多主体共同协作联合开发的特征，GPS 系统、心脏起搏器、核磁共振成像技术、智能机器人等重要的科技创新都是多主体协作研发的结果。

3.1.3　经济全球化使科技创新呈现国际合作局面

伴随着经济全球化的发展，新科技革命和全球产业变革步伐加快，科技创新空前活跃，成为经济社会发展的主要驱动力。科技创新呈现出开放性和系统性的新特点，研发、技术创新、产业发展一体化趋势明显。更加强调创新要素的国际间流动与创新资源的全球集成配置，科技创新的全球合作已成为当今科技创新活动的主要发展方向。

经济全球化使得整个世界经济作为一个整体来运行，对很多产业和产品来说，都是在全球范围内来进行基础科学研发、生产布局，一些重大基础研究论题需要若干国家共同合作才能完成，例如气候问题、环境问题等，需要各国之间进行创新研发的深度合作，若干国家的研究者共同努力才可能最终解决。

跨国公司本身就是经济全球化的主要因素，是世界经济生产的重要形式，尤其是大型跨国公司更是在全球范围内组织研发、生产和销售。跨国公司主导的国际合作创新研发形式越来越多，跨国公司的研发活动通常都是由母公司的研发总部和分布世界各地的分支机构，利用世界各地的科研优势来整合完成的。跨国公司的创新研发利用其遍布世界各地的机构、人员和资源，对国际资源进行整合创新研发，这种创新研发形式大大提高了创新研发的效率、缩短了研发周期。①

3.1.4　新兴产业的特性决定要联合科技创新

第三次科技革命的最主要成果之一就是造就了一大批新兴产业，而新兴产业的研发和科技创新的显著特征恰恰是与联合科技创新相吻合。比如新兴产业的集成创新，研发活动由单一的研发主体变为多个研发主体，由研发主体内部单一研究变为外部的多元研究，由一个学科、产业变为跨学科多产业。这种集成创新最大限度地发挥了研发主体和外部合作单位的各自优势，科研单位、学校、企业和个人的研究各有侧重，形成了集合效应。②

3.1.5　科技未来发展趋势更需要联合技术创新

当今世界科技发展的显著特征是科技发展呈现多点突破、交叉汇聚的态势，大数据科学变为科研的新方式，信息技术和制造业愈加融合，能源、材料、生物等领域的技术不断突破，信息技术与新能源相结合将产生新型工业模式。智能传感器、大数据存储将取得突破。大数据时代为技术创新提供了便捷条件。云计算、物联网、工业互联网

---

① 刘高岑. 当代科技创新的研发形式和特征. 中国科学报，2012-10-20.

② 赵长轶，曾婷，顾新. 产学研联盟推动我国战略性新兴产业技术创新的作用机制研究. 四川大学学报（哲学社会科学版），2013（3）.

等技术的兴起促使信息技术渗透方式、处理方法和应用模式发生变革，促进人机物融合。由此可见，联合技术创新必将成为发展趋势。

回顾科技革命的历史，科技创新已成为竞争的决定性力量，无论是国家还是企业要想在经济竞争中取得有利地位，就要把科技创新作为提升发展经济和科技的主要引擎，主要依靠科技进步实现经济增长。谁能够首先实施技术创新，谁就能够抓住新科技革命的战略机遇，从而抢占未来科技发展制高点。而当代科技革命的特点决定了技术创新必须是协同创新。

数字化、智能化和定制化的制造成为第三次工业革命的一个重要特征，大规模定制将成为未来主要的生产组织方式。资源配置机制将发生巨大的变革。大数据使得海量数据收集、存储和处理变得轻而易举，人们的研发活动将更多地利用公共信息平台分享数据，利用网络协调各方研发活动。

3.2 研发合作是跨国公司竞争内在需求

跨国公司面对国际市场激烈竞争，为了占领技术的制高点，就要顺应科技创新的发展规律，加大研发的外部合作力度。

3.2.1 降低成本，利用人才

长期以来，跨国公司之间的竞争，本质上就是技术创新的竞争，谁有了最新的技术，谁就有了市场，而新技术的开发，依赖于研发的投入。人力资源成本是研发投资中的重要组成部分，随着跨国公司研发成本的不断上升，如何减少人力成本同时又不影响研发始终是跨国公司的难题。

一般来讲，西方发达国家一个研发人员的费用是发展中国家的几倍甚至几十倍，发展中国家具有高质量低成本的人才资源，我国研发人员的薪资仅为欧美发达国家的五分之一，甚至十分之一。发展中国家的研发人员不但成本低、素质高，而且，发展中国家研发所需的原材料采购费用和研发成果测试费用也都显著低于欧美发达国家。所以，跨国公司在发展中国家设立的研发中心，大量雇用本地硕士、博士等研发人员，有的甚至设立了博士后流动站。可见，对于高端领域的人才，选择在发展中国家设立研发中心就成为了跨国公司降低人力成本的有效途径。

3.2.2　信息技术提供可能

跨国公司研发全球化的前提条件是跨国研发项目的及时沟通和交流，信息传递不再受时间和地理的限制。跨国公司研发的主体愈加多元，不仅有跨国公司研发的总部，也有跨国公司的分支机构，以及跨国公司分支机构所在东道国的科研机构和大学。虽然研发主体多元且条件需求各不相同，但能够做到实时交流信息。这是随着现代科技革命的发展，高速发展的信息技术为跨国公司建立信息沟通平台提供了可能，为研发项目的管理工作规范化、科学化和网络化也提供了基本保证。

现代信息技术可以有效管理研发信息，提高工作效率，跨国研发项目已离不开计算机以及网络的应用，网络的信息化系统可以对跨国研发项目进行有效的规划和整合，使研发项目全天候不间断地持续研究，使全球的研发团队利用同一信息平台、交流合作，并将跨国公司内部与东道国的科研机构和大学有机地联系起来。①

3.2.3　靠近生产市场

追溯跨国公司研发的历史进程可以看到，之前的研发策略是集中在总部进行研发，到实施跨国经营时才将研发成果运用到东道国的经营活动中，并根据当地市场情况适当加以改进。即使跨国公司在海外设立了研发机构，其主要任务也是用来收集当地市场信息，监控技术变化，用以改进总部的研发技术，使之更好地适应当地市场，研发活动范围通常也仅限于此。

随着经济全球化的发展，许多发展中国家的市场条件发生了很大的变化，生产环境、消费能力等愈来愈与国际市场密不可分，市场的趋同性明显增强。从全球化的市场需要出发，跨国公司一直在推动研发中心靠近目标市场，深度了解当地的市场信息以及文化和价值观念等，近距离接近消费者，将消费者偏好及时向总部提供反馈意见，使之不断调整研发策略，生产和创造出适合当地市场需求的产品和服务，使研发的产品更加具有针对性和竞争力，并能够最快地进入当地市场。

3.3　与外部合作辅助研发策略

跨国公司在与外部合作开展研发的过程中，其重要原则就是必须掌控整个研发过程，在研发的整体设计、组织实施和与外部进行合作研发时，控制主体研发，同时将辅助研发部分与外部加强合作，使得

---

① 沙妍君. 浅谈信息化对跨国研发项目管理的影响. 电子测试，2013（12）.

整个研发过程有主有次以获取最大效益。

3.3.1 知识产权保护

跨国公司全球研发战略的核心要素是牢牢地控制研发的核心技术，通常的做法是：母公司的研发总部提出研发总体项目，特别是基础研究部分主要是在母公司进行，应用部分更多地交由分支机构去承担，并将许多分项研究外包给东道国的科研机构和大学去完成，最后整个的研发项目由母公司的研发总部来完成。

跨国公司在与东道国研发合作过程中，严格控制技术外溢和坚持技术转移内部化是其基本策略。既要防止核心技术流出，又要最大限度地从合作中获取好处。主要是通过在该研究领域所形成的强大的影响力，使合作方形成对跨国公司的技术依赖，或者是加大技术壁垒的设置，在设计、生产工艺、营销网络等关键环节设置一些难以破解其诀窍的障碍，进行技术锁定。

3.3.2 效益最大化

随着跨国公司全球投资的不断扩大，研发战略全球化的一个重要推动因素是其在发展中国家设立的研发中心通过对当地市场的适应、开发，使当地研发技术能力不断增强，对总部的技术依赖逐渐降低，有的研发产品，特别是在研发产品的应用部分甚至超过了总部。

研发的产品不再局限于本地市场，也为全球市场提供服务，为总部全球研发战略提供技术储备与技术支撑，从而使遍布世界各地的研发中心成为跨国公司全球研发布局的有机组成部分，再加上发展中国家独特的成本和人才优势，这些研发中心通常是跨国公司研发中心中效益最好的。[①]

3.3.3 组织结构改变

跨国公司的研发全球化表现在其研发组织结构的变化。跨国公司研发组织结构也呈现多元化趋势，改变了既往只在母国设立研发部门的单一的研发组织结构的传统做法。由原来的完全依赖母公司的研发部门从事研发，变为越来越多由总部研发主导，协调跨国公司全球的各地分支机构共同研发。最大限度地利用全球的研发资源。[②]

3.4 实施研发全球化战略

经济全球化的发展，使得研发和国际技术转移都呈现了新的变化，跨国公司研发战略也进行了重大调整，这些重大变化的明显特征是跨国公司研发中心最大限度地展开了外部研发合作。

3.4.1 研发全球化战略

第三次科技革命带来了跨国公司研发战略的重大调整，市场扩张、技术驱动、创新成长、降低成本、人才资源因素都驱使跨国公司实施研发全球化战略，跨国公司普遍实施研发全球化战略：跨国公司的研发活动不再仅限于母公司总部所在地的母国，而是随着其境外的业务拓展，将部分研发活动延伸到投资所在国，并与当地的大学、科研单位、企业开展研发合作，跨国公司的研发活动正在朝着国际化、全球化的方向发展。

---

① 冯军政．全球研发机构角色演化及其控制机制研究．科技进步与对策，2014（1）．
② 曹洲涛，宋一晓．知识链视角的跨国公司研发组织结构研究．科技管理研究，2013（17）．

3.4.2 国际技术转移加快

当今科技发展日新月异，研发周期越来越短，研发成本不断上升，跨国公司在发展中国家投资的策略，也开始由单纯的生产制造产品转向设立研发中心，由劳动密集的生产加工型向资金技术密集的研发生产型转变，由单纯的技术转让向研发本地化转变。①跨国公司为了适应全球竞争的需要，也加快了国际技术转移，跨国公司的技术转移占全球的90%，国际技术转移是技术创新全球化的重要形式，一方面，跨国公司向其投资国转移技术，另一方面，跨国公司又通过其子公司与投资国根据本地市场情况联合进行有针对性的技术开发。②

3.5 各国实施鼓励跨国公司研发中心政策

近年来，世界各国无论是发达国家还是发展中国家为了吸引跨国公司的研发中心，纷纷采取各种优惠政策。

3.5.1 财政激励措施

所得税减免。有的发展中国家对跨国公司研发中心实行5年免税，5年减半征收所得税，甚至不征税，这都是比较明智的做法。因为跨国公司研发中心大都实行成本控制中心的财务核算方式，东道国政府是很难征到税的。许多发达国家也对跨国公司研发中心采取税收优惠政策，如法国于2008年大幅度提高了其对研发活动的税收优惠政策，提供50%的税收减免。葡萄牙、捷克、匈牙利、丹麦和英国也都提供

---

① 骆璋，孙丽丽. 研发全球化以及我国研发产业发展战略研究. 商品与质量：理论研究，2011(12).

② 毕娟. 技术创新全球化的趋势、挑战与对策. 科技管理研究，2011 (3).

高于欧盟平均水平的税收优惠政策。[①] 美国的一些州也对跨国公司设立研发中心有专门的税收优惠。

3.5.2 金融激励措施

一些国家为了吸引跨国公司研发中心，以低于市场的利率为跨国公司研发中心提供贷款、提供金融担保以承担投资风险，有的国家甚至为跨国公司研发中心直接提供资助或补贴，如新加坡政府就设立了70亿新元的科学与技术发展公共基金，其中大部分基金用于鼓励企业在新加坡进行研发投资。1991年至1999年间，跨国公司每投资于研发1美元，新加坡政府大致投入30美分，资金匹配达到了3:1。[②]

3.5.3 提供法律保障和基础设施环境

跨国公司设立研发中心最大的担心就是研发成果能否得到有效的保护。东道国政府基本上都加强了知识产权的保护，建立了比较完备的知识产权保护法律体系和加强执行力度。跨国公司研发中心与母公司总部进行研发联络，对通信线路要求很高，很多政府为跨国公司研发中心开通专用通信线路，提供信息和通信基础设施建设，保证科技信息数据库等研发所需要的服务设施。有的地方政府直接为跨国公司研发中心提供成本价或更低价格的办公场所。

3.6 与东道国大学合作取向

大学作为基础研究的重要执行者，作为发展中国家大学的独特条

① 楚天骄. 欧盟吸引跨国公司研发投资的政策走向及其启示. 世界地理研究，2011（9）.
② 郝莹莹，杜德斌，智瑞芝. 利用跨国公司提升本国研发能力——韩国与新加坡的经验与启示. 亚太经济，2006（6）.

件更成为跨国公司研发外部合作的目标，是跨国公司研发中心的重要合作伙伴。跨国公司在研发战略上将大学作为主要的合作伙伴，跨国公司研发中心尤其是涉及基础科学研究的，往往选址在东道国著名的大学，譬如理工科大学附近。跨国公司与东道国大学研发合作主要有以下考虑。

3.6.1 以财力换取合作

发展中国家的大学大多数研究经费不足。随着现代科技的发展，对研发的资金投入要求越来越大，大学的研发一般都是从基础研究开始，耗资量很大，大学的研发经费来源又十分有限，这是大学进行技术研发面临的主要困难。而跨国公司的财力雄厚，一般来讲每年的研发经费要占其营业额的15%以上，发展中国家大学与跨国公司进行研发项目合作，既获得了研发经费又进行了研发活动。跨国公司或是在大学设立专项研究基金，或是对大学已有的基础研究项目深入开发给予专项资助。

3.6.2 研发合作中控制主动权

跨国公司与发展中国家的大学进行合作，研发合作中占有绝对的主动，控制知识产权，基本上是由跨国公司提出选题，主导整个项目的研发过程。大学则主要负责承担研发项目的子项目开展研究工作。实际上，跨国公司将研发项目的具体工作分包给大学，研发出来的技术或者专利，最终都归跨国公司所有。即使个别研发项目大学明确要求与跨国公司共同享有知识产权，但真正使用这些研发成果进行产业化的仍然是跨国公司才能做到，而大学基本上没有能力进行产业化。

3.6.3　最大限度降低研发成本

发展中国家大学拥有廉价研发成本和最优秀人才的优势。发展中国家的大学研发人员的收入与发达国家研发人员有很大的差距，所以，跨国公司与发展中国家的大学进行研发合作，可以用较少的资金投入换取较多的研发成果。而发展中国家的大学拥有众多的优秀研发人才，许多硕士、博士就是从发达国家留学回来的，跨国公司高度重视人才的作用，把人才视为核心要素，与发展中国家大学研发合作可以最充分地利用当地人才。为了进一步吸引大学的优秀人才为其服务，跨国公司甚至在其进行研发合作的大学设立奖学金、开设公司的专门课程、安排优秀学生去研发中心实习、在研发中心开设博士后流动站等。

第 4 章　跨国公司在华研发合作必然性

多年以来，我国始终是发展中国家中最大的吸收外国投资的引资国，是跨国公司最青睐的市场。跨国公司研发中心也纷纷落户我国，成为除西方发达国家外跨国公司研发中心最集中最密集的地区。这体现了国际投资技术转移的规律，体现了在研发领域的竞争规律，表明跨国公司研发中心在我国主动寻求合作具有内在必然性。

4.1　扩大对华投资竞争的需要

近年来，跨国公司更加看好我国的市场，全球 500 强跨国公司中，已有 490 多家在我国投资办厂，已经进入我国市场的跨国公司纷纷扩大在华的投资。目前，全球 500 强中已经有超过 470 家在中国设立了研发中心。这些跨国公司在华研发中心的投入规模正在逐年扩大。跨国公司在华研发机构的平均研发人员数量一般都要超过百人，研发人员的结构不断提升，硕士学历以上研发人员的平均比例超过 50%。

跨国公司在市场上的竞争其实质就是技术的竞争，跨国公司要保持技术上的竞争优势，必然要加大技术投入，建立研发机构，研发投入占全球研发投入的比重超过 50%。跨国公司在中国投资要保持竞争优势，取得利润最大化同样要加大研发投入，现在，全球前 20 大的制药公司基本上都在我国开设分公司或设有研发中心。同时，跨国公司极力简化研发过程来提高创新效率，利用现代信息通信技术的发展使得研究成果能即时地传输到全球各地，跨国公司将在中国设立的研发中心作为其全球研发系统的有机组成部分，利用时差实施 24 小时不间断研发，极大地提升了跨国公司整体研发的效率和水平。

我国大学科技园是大学科研创新最集中的地方，又拥有最先进的创新环境，跨国公司与大学科技园进行研发合作，可以提高跨国公司在华研发的进程，帮助其在华投资取得更大的收益。

4.2　研发中心贴近市场的需要

当今跨国公司全球战略的一个重大变化是将其研发中心由公司总部逐渐向全球扩展，将技术研究与开发活动扩散到母国以外的其他国家和地区，即直接到海外设立研发中心，进而建立起一个全球销售和研究开发的研发网络。跨国公司利用其内部一体化的研发机构、生产和销售体系，在世界范围内进行生产要素的转移和资源配置，形成一体化从而实现全球性的利益最大化，跨国公司对外投资越多设立的研发中心也就越多。

我国是跨国公司最为看好的投资市场，也是跨国公司投资增速最快的地区，研发投入也是母公司外最多的。据统计，仅在 2010 年，大中型外资企业在我国境内设立研发机构就已达到 4475 家，占我国大中型企业研发机构总数的 26.8%，外资研发机构的研发经费内部支出达到 1048 亿元，占全部大中型工业企业总研发内部经费支出的 26.1%，研发人员数量快速增加到 42 万人，占全部大中型工业企业研发人员总数的 28.3%。[①]

目前，跨国企业在华研发机构正在进行深刻转型，在我国设立的研发机构已成为跨国公司母公司全球研发体系中的重要组成部分。许多跨国企业在华研发中心，都已成为除母公司在本国或传统区域研发中心外最大的研发机构，其功能已由过去的主要是从母公司引进先进技术，变为更紧密地和母公司的研发中心合作，参与母公司的核心研发任务，成为母公司研发体系中的重要环节。而且，在中国的研发中心地位不断提高，基础型、创新型本地化研究所占比例有所上升，越来越多的跨国公司将在华研发中心作为其亚太区研发总部，有些甚至升级为全球技术研发中心。

跨国公司在研发上努力强调把科技开发更紧密地与市场结合。充分利用当地的科技资源，跨国界地开展研究与开发活动，并通过在当地设立的合资企业、与大学科研机构的合作协议和战略联盟等形式开展研发活动。跨国公司凭借技术垄断，利用当地的科技人才、政策优势以及资源等，开展应用性开发和新产品设计，并牢牢掌控研发核心技术。

研发中心更接近市场将有助于跨国公司选出更适当的研究目标，加快把实验室构想变成商品的速度。我国大学科技园最鲜明的特色就

---

① 王元，张换兆，丁明磊. 力争主导亚洲研发中心形成. 学习时报，2012-8-6.

是和技术创新的市场密切相连，在这里，可以获得我国市场的最新需求，可以把握市场上技术的变化动向，跨国公司在这里的研发活动也更有针对性。

4.3　研发合作的需要

跨国公司在华的研发活动越来越以合作的方式进行。跨国公司不论是在规模较小的研发项目上，还是在投资规模较大的基础研究领域，都在广泛地与我国的相关机构开展合作。这包括与相关产业建立合作伙伴联盟，与配套企业合作建立上下游技术合作关系；与政府建立合作伙伴关系，为促进当地经济以及相关行业的发展提供技术支持；将一些研发项目委托大学等科研机构，或合作共同开展研究项目，加快某些科研成果的转化；利用跨国公司本身的全球资源和行业优势，促进本土行业标准的国际化。比如，西门子中国研究院联手西门子相关业务部门和无锡市政府及当地的合作伙伴一起，参与无锡的国家物联网项目建设，并开发基于物联网的绿色智能交通系统，促进了当地物联网产业的发展。

微软亚洲研究院已与国内 10 所高校建立了联合实验室，其中 8 所被列为“教育部重点实验室”，这些实验室共汇聚了计算机各研究领域的 50 余位学术带头人和专家，开展了近 200 个合作项目，发表高水平学术论文 1000 多篇，甲骨文中国研发中心则参与了国家信息标准化委员会、中国通信标准化协会诸多标准的制定，并利用母公司在相应领域的资源和行业地位，帮助国内的相关标准走向国际化等。[①]

跨国公司的许多研发项目不是某一个单独的研发机构所能完成的，往往需要整个公司研发机构的整体合作。海外的研发机构多是从事某项具体的专项研究，而研发机构所在的东道国大学对该类科学技术也都有一定的研究，比如汉语语音识别技术，我国的大学在这方面的研究就已居领先地位。通常我国大学的最新科研成果往往在大学科技园进一步进行产业化实验，跨国公司在大学科技园的合作研究成果反过来还可以服务母公司和其他子公司。

4.4 充分利用大学优秀人才的需要

现在，跨国公司研发机构人才需求增长比较快，到一些发展中国家招聘高科技人才是比较便捷有效的渠道，特别是随着跨国公司在华设立的高新技术项目的增多，跨国公司也明显增加了对高级人才的需求。跨国公司在华研发中心的一些骨干研发人员的构成也开始由外籍研发人员为主向本土研发人员过渡。

我国大学是高科技人才的集聚地，而且科技人员费用相对低廉，比如跨国公司总部的一名研究人员的费用相当于我国几十名大学的科研人员的费用，跨国公司研发中心也正是看好我国大学科技人才这一成本优势。大学科技园是我国大学科技人才最集中的地方，跨国公司寻找一些大学科技园作为依托与之合作，既可以满足对高科技人才的

① 《环球科学》发布“2013 年度最具影响力十大研发中心”榜单，光明网—科技频道. http://tech.gmw.cn/2014-03/03/content_10558794.htm.

需要，也可以大大降低研发成本。跨国公司意识到在我国设立研发中心的研发人员其创新能力与创新管理都处在较高的水平上，研发人员的成本更具竞争力。当然，从另一个角度看，跨国公司研发中心与大学科技园合作可以联合培养高素质的本土人才，从而提高我国科研人员的创新能力，发掘并储备人才。

4.5　政府鼓励研发中心政策

我国自吸收外商投资以来，政府一直对外商投资企业从事研发活动采取鼓励政策，特别鼓励跨国公司直接在华设立研发中心，提供了一系列税收减免优惠：在外商投资产业指导目录中将外商投资研发中心列为鼓励类项目，可享受 15%的所得税优惠；跨国公司研发中心为进行其研发产品的市场测试进口并销售少量其母公司生产的高新技术产品；外商投资企业投资总额内进口自用设备及其配套的技术、配件、备件（不包括《外商投资项目不予免税的进口商品目录》中的商品和船舶、飞机、特种车辆、施工机械），且限于不构成生产规模的实验室或中试范围的，免征进口关税和进口环节税；外商投资企业利用自有资金进行技术改造，在原批准的经营范围内进口符合条件的自用设备及其配套的技术、配件、备件，免征进口关税及进口环节税；外商投资企业自行研发技术的转让收入免征营业税；外商投资企业技术开发费比上年增长 10%以上（含 10%）的，经税务机关批准，可再按技术开发费实际发生额的 50%抵扣当年度的应纳税所得额。

此外，地方政府为了吸引跨国公司设立研发中心还采取了许多扶植政策，比如，为跨国公司研发中心保证专用通信线路、为跨国公司研发中心提供低价的办公用房、实施跨国公司研发中心的高级研发人员实行个人所得税奖励计划，以缓解高额个人所得税的负担等。

这些扶植政策使跨国公司研发中心进入我国愈加方便，对跨国公司研发中心在华开展研发合作产生很大的吸引力。

第 5 章　东道国科技创新战略理论聚焦

当今世界，科技创新已成为国际竞争中成败的主导因素。因此，建设国家创新体系，促进科技创新，是世界各国最为关心的重要问题，也是世界各国发展经济的最重要战略。对发展中国家而言，若想追赶西方经济发达国家，必须借助科技创新的助推器。并且，发展中国家的科技创新战略不能采取封闭策略，必须是开放的，要主动积极引进、消化、吸收西方发达国家的先进技术，以提升自己的科技创新能力，这是发展中国家科技创新战略面临的重要课题。可以说，发展中国家与跨国公司研发中心合作是一个有效的途径。

5.1　对科技创新的需求

西方发达国家主导着全球现代化的进程，在科学技术和科技人才等方面占有绝对优势的地位，且严格限制向发展中国家转让先进和关键技术。相比较而言，发展中国家的科技发展水平较低，基本上处于绝对劣势。表现在两方面：其一，发展中国家在科教方面普遍落后，科研水平比较低，许多本国的优秀科技人才流向了西方发达国家；其二，科研资金十分紧缺。纵观全球资本流动主要是流向发达国家，而发展中国家则普遍缺乏发展所必需的资金。在这种情况下，发展中国家愈加需要提升自身的科技创新能力以摆脱劣势地位。

跨国公司作为世界技术创新的主导者和国际技术转移的载体，在发展中国家设立的研发中心，既弥补了东道国的研发资金缺口，又带来了先进的技术和研发中心管理经验，在很大程度上满足了东道国科技创新的需求：一方面，促进东道国生产要素的高效配置，提高东道国的企业创新水平；另一方面，改变东道国国内的创新竞争环境，对本地研发机构起到示范作用，并可以更多地培养本土人才，吸引海外高端人才回流。

5.2 提升研发能力的必然选择

长期以来，西方发达国家在科技创新能力方面一直居领先地位。2013 年 7 月 1 日英士国际商学院（INSEAD）和世界知识产权组织（WIPO）发布的“2013 年全球创新指数”排名中，前 10 名都是发达国家和地区（瑞士、瑞典、英国、荷兰、美国、芬兰、中国香港、新加坡、丹麦、爱尔兰）。平均而言，高收入国家在整个名单中的得分大幅领先于发展中国家。

发展中国家逐步意识到科技创新在经济发展中的重要性，逐步加大科技投入，科技创新能力也在不断提升。在 2013 年全球创新指数中，18 个新兴经济体在各自的收入组中超越了其他国家。

世界各国都在增加研发投入，尽管经济环境不佳、预算政策吃紧，研发支出从 2010 年起依然在上升。在经营投入方面，研发支出最高的 1000 家公司支出金额在 2010 年和 2011 年间增长了 9%～10%。

新兴市场增加了研发投入，而且增加速度超过了高收入国家。在过去的五年中，中国、阿根廷、巴西、波兰、印度、俄罗斯、土耳其和南非在研发投入上位居前列。①

但是，2014 年 3 月 31 日中国科学技术发展战略研究院最新发布的《国家创新指数报告 2013》显示，美国凭借雄厚的创新资源和优异的创新绩效，再次成为最具创新能力的国家。中国最近 20 年科研经费总投入，不及美国近两年累计量，也少于日本最近 4 年的总投入。②

国家研发投入强度是一个综合性指标，代表一个国家对科技创新的重视程度，研发投入强度与经济增长显著正相关。从发达国家的历史和经验看，提高一个国家创新能力，需要长时间逐渐提高全社会研发经费占 GDP 的比重。据统计，美国、日本、德国、法国等近 20 个科技发达的国家都在 2%以上，而发展中国家都在 1%以下。

研发投入在经济增长中发挥着重要作用。研发投入强度与国家竞争力变化基本一致，研发投入增速快的国家，其国家竞争力也在快速提升。高强度的研发投入有助于迅速提升技术水平，通过技术创新促进经济增长，发达国家研发投入强度一直保持较高的水平，并且持续

① 世界知识产权组织网站. 2013 年全球创新指数——美国重回“最具创新力国家”前五名之列，瑞士保持第一，本地活力是克服全球创新差距的关键. http://www.wipo.int/pressroom/zh/articles/2013/article_0016.html.

② 人民日报：《国家创新指数报告 2013》发布，科技部网站. http://www.most.gov.cn/xinwzx/mtjj/ztjj/201403/t20140331_112511.htm.

增长。[①]

5.3 构建国家创新体系

推动国家创新体系发展。国家创新体系一般是指由国家实验室、大学、国家研究机构等和企业组成的一个为创造、储备和转让知识、技能和新产品相互作用的系统或网络，这些机构的活动相互联系、作用与影响，决定一个国家扩散知识的能力，并影响国家的创新能力和表现。尽管各国的制度以及经济发展阶段的不同，但国家创新体系的主要功能是促进和进行新知识和新技术的生产、扩散和应用。

我国对国家创新体系也有明确的定义，《国家中长期科学和技术发展规划纲要（2006～2020 年）》中指出：国家创新体系是以政府为主导、充分发挥市场配置资源的基础性作用、各类科技创新主体紧密联系和有效互动的社会系统。

在西方发达国家，科技创新活动主要是由企业来承担的，因为企业不仅有实力，研发资金雄厚，而且身处生产一线，最了解市场需求，使研发产品更具针对性。

而发展中国家的科技创新体系主要是政府主导的，大部分研发是由政府的研究机构和大学进行的，由于研究与开发投入周期长、风险大，企业的研发投入很少，企业不是研发的主体，比如在泰国的研究与开发投入中，长期以来企业投入仅占 10%，这种科技创新体系使产

① 马名杰，石光. 研发投入与经济增长关系的国际经验和启示. 中国经济时报，2013-10-29.

学研严重脱节，企业对研究与开发活动热情不高。[①]

面对国际市场竞争的激烈竞争，发展中国家开始改变科技创新战略。一方面，加大国家对研发的投入，另一方面，创造条件鼓励企业更多地开展研发活动。企业也逐渐认识到，只有依靠科技创新，才能提高其产品的市场竞争力，开始重视研究与开发活动。

我国的国家科技创新体系的重点就是建设以企业为主体、产学研相结合的技术创新体系，并将其作为全面推进国家创新体系建设的突破口，形成科学研究与高等教育有机结合的知识创新体系。大学科技园是国家创新体系的重要的有机组成部分，虽然大学科技园不是创新的主体，但在技术创新体系、知识创新体系中大学科技园都起着重要的作用。大学科技园作为桥梁把产学研各方的优势资源连接聚集起来，并提供专业化服务，帮助企业成为技术创新的主体，大学科技园是促进知识创新成果转化及产业化的重要平台，大学科技园促使产学研之间的知识流动和技术转移，从而实现技术创新和知识创新的有效衔接。

5.4　对外开放合作创新

在科技创新国际化的大背景下，技术创新速度加快，科技发展呈现全球各国联合作战协同创新，在全球范围内有效利用创新资源。国际合作已成为加速科技创新的重要环节。发展中国家本身的科技创新能力就比较低，单纯依靠自身的力量去参与科技创新的竞争肯定是不占优势，要提高自身的科技创新能力，就要加大科技创新的国际合作，

① 郑达，王琳琳. 试析跨国公司在东盟五国研发投资的发展及影响. 创新，2009（3）.

积极参与全球科技合作与竞争，有效利用全球科技资源、加速提升自身创新能力，这是一条比较切实可行的路径。

发展中国家正在加快科技创新国际合作的步伐。首先，高度重视科技创新的国际合作，逐步树立国际化理念，制定有关国际合作的政策。其次，加速推进国际合作的进程，将本国的科研创新（除涉及国家安全的领域外）面向全球开放，制定与国际科研合作的扶植政策，支持科研机构和大学建立国际化科研中心。加强与发达国家和国际科技组织以及跨国公司的合作，纷纷采取措施吸引跨国公司来本国设立研发中心，以此来带动本国的科技创新。同时，建立知识密集型高新技术产业，发展中国家把国际合作作为获得先进技术，提高科技发展水平的重要途径之一。最后，发展中国家的企业开始进行海外研发投资，2010 年，中国 68 家创新型（试点）企业设立了 106 家海外研发机构，主要分布在北美、欧洲、日本等发达国家或地区。①

5.5　扩大技术溢出效应

在国家创新体系中，技术引进、模仿、消化和自主创新都是重要的关键环节，日本、韩国等国家在实施国家创新体系中都很好地利用了技术引进。在全球化和知识经济的背景下，作为发展中国家要实现科技创新的腾飞，发挥后发优势赶上西方发达国家，仍然需要坚持技术引进，在引进中消化吸收再创新。将技术引进与技术溢出、技术创新相结合，通过技术引进不断促进本国技术创新能力的提高。

---

① 杜德斌. 研发全球化呈现五大发展趋势. 文汇报，2014-4-14.

能否最大限度地发挥技术溢出效应是发展中国家实施技术引进成功的最重要的标志。技术溢出效应的实质是跨国公司在东道国实施直接投资引起当地技术进步。这种技术溢出不管跨国公司是否主观意愿，都是要客观发生的，并在国际技术转移中技术溢出效应的影响将越来越大。所以，采取恰当的政策措施获取技术溢出效应的最大化是发展中国家技术引进的追求目标之一。

跨国公司是当代先进技术的主要发明者和技术输出的主要提供者，全球 500 强垄断了全世界大约 80%以上的高新技术。跨国公司向发展中国家转让技术主要是通过直接投资来进行的，即在发展中国家投资设立企业，然后向这些企业转让技术，越是外资控股和独资的企业转让的技术越先进。这种技术溢出效应更多地体现在外资企业实施技术的人员流动和配套企业生产技术。但是，由于受知识产权保护的约束，这种技术溢出效应是有限度的。

跨国公司研发中心是跨国公司先进技术的生产母机，发展中国家将跨国公司研发中心直接吸引到本国，就能近距离地与其展开合作。跨国公司研发中心与当地的大学、科研单位、企业联合开展研究与开发活动，主动实行人才本土化战略，大量聘用当地的科技人才，加之科学高效的研发管理等，对东道国的研发客观上起到了示范作用，这在很大程度上形成了技术溢出效应。

第二篇　合作可行性分析

早在 2006 年国家制定《国家大学科技园"十一五"发展规划纲要》时明确提出，为了促进开放合作，推动国家大学科技园的国际化发展，进一步推动国家大学科技园走"走出去—引进来"的国际化道路。拓展合作渠道和方式，推动与国内外相关机构的密切合作。积极引进国外风险投资资金。[①]这清晰表明，大学科技园与跨国公司研发中心的合作是一必然选择，将进一步提升大学科技园的科技创新能力，进而提升国家竞争力。而经过多年的实践检验，两者也完全具备合作的可行性。

---

① 科技部，教育部.《国家大学科技园"十一五"发展规划纲要》(国科发高字[2006]496 号). 2006-12-6.

第 6 章　大学与跨国公司合作的基础

经过多年的积累，我国大学的科研能力和水平不断提高，在研发投入、研发队伍、研发广度和深度等方面都具备了相当的实力，完全有能力和跨国公司研发中心开展研发合作。

6.1　大学的雄厚科研能力

大学科技园以大学为依托，只有具备了一流大学的科研能力，才会有一流的大学科技园。《国家中长期科学和技术发展规划纲要（2006～2020 年）》指出，“大学是我国培养高层次创新人才的重要基地，是我国基础研究和高技术领域原始创新的主力军之一，是解决国民经济重大科技问题、实现技术转移、成果转化的生力军。”我国大学拥有雄厚的科研基础和能力，大学的科技活动在我国科技创新中占有重要地位。

2012 年全国共有高等学校研发机构 9225 个，研发人员全时当量在 2000～2012 年间逐年增长。2012 年，高等学校共有基础研究人员 14.0 万人年，应用研究人员 15.4 万人年，试验发展人员 1.9 万人年。

高等学校科学研究人员占全国科学研究人员总数的 49.4%，高出研究机构 19.5%。

全国基础研究经费支出中一半以上来自高等学校。2012 年全国高等学校研发经费内部支出为 780.6 亿元，占全国研发经费内部支出总数的 7.6%，其中，基础研究为 275.7 亿元，应用研究为 402.7 亿元，试验发展 102.2 为亿元。

2012 年高等学校的基础研究经费占到全国基础研究经费总数的 55.3%。高等学校应用研究经费占全国应用研究经费总数的比重，近年来基本保持在 1/3 左右。总体上，2012 年高等学校科学研究经费占全国的比重为 40.8%。同年，SCI 收录我国高等学校论文 13.7 万篇，占全国的比重为 83.1%。全国高等学校专利申请受理数达 13.3 万件，其中，发明专利申请数达 7.6 万件。高等学校发明专利申请数占全国发明专利申请数的比重 15%左右。

同年，全国高等学校专利授权数达 7.8 万件，其中，发明专利授权数达 3.4 万件。高等学校作为卖方签订的技术转让合同数量及合同成交金额均持续增长技术转让合同达 5.8 万项，占全国总数的 20.5%，技术转让合同成交金额达 293.96 亿元，合同成交金额占全国总量的 4.6%。①

总体上，目前大学所得到的经费只占到国家财政科研开发经费总量的十分之一，而完成的项目获得了 60%以上的科技奖励，近年来获

① 科学技术部发展计划司. 2012 年我国高等学校研发活动分析. 科技统计报告第 13 期（总第 548 期）中国科技统计网站. http://www.sts.org.cn/tjbg/gdxx/documents/2013/2012.

得的技术发明奖数量更是占到总数的八成左右，科研投入产出效益高居全国各行业的榜首。在 2012 年度国家科学技术奖授奖项目中，全国高等学校获得国家自然科学奖占总数的 58.5%。获得国家技术发明奖通用项目占通用项目总数的 71.4%。获得国家科学技术进步奖通用项目占通用项目总数的 70.4%。国家三大奖全国高等学校共获得 183 项，占总数的 68.8%。

高校在全国授奖项目中的高比例，说明高等学校的科研实力在不断增强，对我国经济发展和科技进步的贡献越来越大。①

6.2　大学与企业长期合作实践

2012 年，大学研发资金依然主要来源于政府和企业，其中，政府资金 474.1 亿元，占研发经费总数的 60.7%，大学研发经费来源中，企业资金 260.5 亿元，占 33.4%，国外资金和其他来源的资金 46.0 亿元，占 5.9%。大学研发经费中来源于企业的投资超过三分之一。2005～2012 年间，企业资金由 88.9 亿元增至 260.5 亿元，年均增长 16.6%，在所有经费来源中增长幅度最大，表明大学在研发活动方面已与产业界建立起较稳固的联系，知识创新逐渐显现出对产业技术发展的支撑作用。②

大学与企业合作呈逐年上升趋势，通过校企合作、校地合作完成

---

① 教育部科技发展中心. 高校获 2012 年度国家科学技术奖情况. 教育部网站. http://www.moe.gov.cn/publicfiles/business/htmlfiles/moe/moe_838/201301/146946.html.

② 科学技术部发展计划司. 2012 年我国高等学校研发活动分析. 科技统计报告第 13 期（总第 548 期）中国科技统计网站. http://www.sts.org.cn/tjbg/gdxx/documents/2013/2012.

的技术转移已占四成以上。合作方式以委托研发、联合研发为主要方式，有效地提升了大学科技成果转化率及效能。80%以上的国有大中型企业（集团），以及大部分省市都与大学建立了全面合作关系，合作开发或转让成果 20 多万项。大学 95%的成果是通过产学研结合实现转化和产业化的。大学在以企业为主体、市场为导向、产学研相结合的技术创新体系中发挥了生力军的作用。

大学等研究机构技术创新源头的作用明显，产学研合作进一步深化，2011 年共签订产学研合作项目 81615 项，占全国的 31.8%，成交金额 510.2 亿元，占全国的 10.7%，输出具有自主知识产权的技术 34290 项，成交金额 285.8 亿元，占全国的 6.0%。①

6.3 跨国公司是企业研发生力军

在开展研发活动的企业中，以跨国公司为代表的三资企业占有相当的份额。2012 年三资企业为 10573 个，占全部开展研发活动企业数的 22.4%。三资企业在我国企业研发经费中所占比重逐年提高。我国大中型工业企业研发经费支出总额中，三资企业所占比例从 2003 年的 23.2%增长到 2012 年的 24.5%，研发经费投入为 1763.6 亿元，可见跨国公司在我国的研发活动中扮演着越来越重要的角色。

跨国公司在研发活动中的投入也获得了相对应的研发产出，2012 年，全部规模以上工业企业发明专利拥有量为 27.7 万件，其中三资企

---

① 科学技术部发展计划司. 科技统计报告第 12 期（总第 527 期）中国科技统计网站. http://www.sts.org.cn/tjbg/jsmy/documents/2012/20130123.htm.

业占 24.5%。

三资企业研发经费集中在高技术行业，且集中度呈增强态势。高技术产业中三资企业长期是我国高技术产业的主力军，2011 年所占比例 62.9%。三资企业的产品出口占我国高技术产品出口总额的 60%以上。

反映跨国公司研发活动增加的另一个重要的指标就是技术引进费用的增加。在现代科技条件下，研发活动离不开国际合作，跨国公司的研发项目是在全球的系统内进行，而且跨国公司各个研发中心是独立核算，跨国公司设在我国的研发中心与母公司境外的研发机构或其他技术转让方进行研发合作时，表现为技术进口。因此，技术引进费与研发活动是正相关的。2012 年在技术引进经费中内资企业技术引进经费为 188.5 亿元，占 47.8%，三资企业占 52.2%。内资企业对技术引进的依赖性最小，其技术引进经费占企业研发经费的比重为 3.5%；港、澳、台商投资企业和外商投资企业的技术引进经费占企业研发经费的比重分别为 5.7%和 15.3%。①

跨国公司在研发领域与我国大学和科研机构保持较为密切的联系与合作，包括合作开展研发项目以及人员和学术交流等。

6.4　跨国公司与大学研发合作的实践

此前，跨国公司与我国大学的研发合作已为大学科技园与跨国公

---

① 科学技术部发展计划司. 2012 年规模以上工业企业研发活动分析. 科技统计报告第 16 期（总第 551 期）中国科技统计网站 http://www.sts.org.cn/tjbg/dzxqy/documents/2013/1316.

司的创新合作打下了良好的基础，创造了多种合作的模式，呈现出多样性和灵活性的特点。

6.4.1 委托合同

跨国公司研发机构与我国大学签定协议，跨国公司委托某大学就某一个课题进行研究。在一定期限内，由跨国公司提供研究经费和相关设备，由大学具体负责实施研究，接受委托的大学使用跨国公司提供的经费和设备开展研究，向跨国公司提供科研成果。许多跨国公司在进入我国的早期阶段都选择了这样一种合作方式，这种方式可以树立扶持教育的良好公司形象，提高产品的知名度，为其产品迅速占领市场打开便利之门。而对于我国大学而言，这种合作模式可以有效地缓解自身资金不足和技术设备老化等问题。

6.4.2 联合研发

跨国公司研发机构与我国大学的研究机构就某项课题进行联合研究开发，充分利用各自的资源优势，实现优势互补。在这种合作模式中，对于跨国公司来说，可以根据公司的战略发展要求来确定所要支持项目，激活公司的研发能力，保证公司的基础研究顺利进行，加强公司的科技竞争力，从而保证公司长远发展目标的实现。我国大学具有比较大的自主性，可以根据自己的研究特长和工作需要提出课题，在联合研发的模式中，一旦课题得到认可便可以得到资金和设备等条件的支持。

6.4.3 在大学建立研究机构

跨国公司在我国大学建立研究所、实验室、相关学院或培训中心等研发机构，将跨国公司的研发机构延伸到大学校园内，冠以某跨国公司名称的实验室、研究院在著名大学相当普遍。通常一所著名大学常常接纳多家跨国公司，设立联合研发机构。同时，一家公司往往在多所大学建立联合研发机构。进入 21 世纪，跨国公司与我国大学的研发合作日益显示出快速发展的趋势。根据教育部统计，我国重点大学与外方共建立了 200 多个联合试验室。

美国上海通用电气技术中心与清华、浙大、同济、交大、中科院等建立了几十个联合实验室。清华大学与丰田汽车公司、联合技术公司、西门子公司、波音公司等 30 多家海外企业成立联合研究中心。2013 年清华大学和三星、英特尔、戴姆勒、微软公司成立联合研究机构：其中携手东南大学和中国科学技术大学与英特尔公司联合成立“英特尔移动网络与计算协同研究院，”尝试引入企业与高校间协同创新的模式，共同推动移动互联网的创新发展；与微软公司成立联合创新与知识产权研究中心。清华大学 1995 年成立清华大学与企业合作委员会，加强与企业的合作，已与跨国公司合办 20 多个研发机构。其中就包括众多的跨国公司，如：丰田汽车、日立、英特尔，西门子、惠普、东芝、索尼、宝洁、SK、通用汽车、三星、通力电梯、冠捷科技、康明斯、芬兰国家技术创新局等 40 家知名跨国企业和机构。

【案例1】

IBM 与大学联合研究开发

IBM 利用相关领域的研发优势，与高校合作开展联合研究项目，在共同关注的前沿技术领域里开展基础研究合作，成立联合研究实验室，并定期举办学术交流活动。IBM 提供设备、技术和资金支持，并组织专家进行项目评估、验收并支持高校的研究成果转化。

IBM 已与全国 60 多所教育部直属大学建立了合作伙伴关系，与中国高校合作成立了 25 个 IBM 技术中心、建立了 100 多个合作实验室和合作技术中心，并引进了全球性的共享大学研究（Shared University Research）项目，旨在加强与中国一流高校科研人员的技术合作与交流，促进科研成果的快速转化。该项目的流程是：

立项：IBM 确定研究方向并向高校征集项目方案，根据项目自身的技术价值、创新性、可行性和适用性等方面，选择适当的项目开展合作。

捐赠：IBM 捐赠研究项目所需的部分设备和资金。

实施：IBM 提供全面的技术支持，并定期组织研究领域内的学术交流，与高校共同对项目进行管理。

验收：IBM 组织专家对联合研究项目进行验收。

IBM 通过共享大学研究项目资助了 20 多所高校的 80 多个联合研究项目，硬件捐赠总额超过 8000 万元人民币。此外，IBM 还提供强有力的软件和技术支持。研究领域覆盖了深度计算、下一代互联网、普及运算设备、无线技术、网格运算、服务科学、生命科学、商业价值研究、供应链管理、云计算、大型主机、绿色技术等课题，并取得了丰硕的成果。

联合研究实验室。2000年7月，清华大学、北京大学分别与IBM成立了联合创新研究院，标志着IBM与中国高校的科研合作迈上一个新的台阶。2004至2006年间，哈尔滨工业大学、西安交通大学、上海交通大学、北京邮电大学又分别与IBM中国研究院成立联合创新研究院。借此，IBM中国研究院在中国已经成立了6个联合创新研究院。2005年IBM中国研究院支持清华大学成立了现代服务科学研究中心，致力于中国现代服务业的发展和新型人才的培养。2006年，北京大学宣布与IBM合作成立方案工程研究中心，双方共同推进方案工程的研究及人才培养，标志着我国服务科学、管理和工程的方向研究和学科建设将更加全面深入的展开。

（注：根据IBM网站相关资料整理）

点评：IBM与大学开展联合研究取得双赢。

从IBM公司来讲，与我国大学的联合研究是一种实实在在的合作，这表现在：一是合作的面非常广，不仅仅局限于几所大学，几乎覆盖了全国的知名重点大学；二是联合研究采取的方式是国际上通常做法，比如共享大学研究、联合实验室等；三是研究的内容也是现代科技创新的前沿问题，涵盖的领域也比较宽；四是无论捐赠设备还是研发投入过程，IBM都投入了大量的资金。IBM通过与大学合作扩大了其影响，也充分利用了大学的科研力量，相对其母公司的研发来比，大大降低了研发成本，也解决了在华生产的技术支持。

从大学来讲，与 IBM 的联合研究对大学是非常有吸引力的合作：近距离的与跨国公司最高水平的研发机构合作，学习和跟踪最先进技术；获得相应的研发资助，也在一定程度上缓解了科研经费不足的问题，为人才培养提供了实战机会。

当然，这种联合研究也有其局限性，委托研究通常都是非核心的技术，辅助性的技术外包居多，大型深入的研发项目有限，而且双方都不是投资的实体，导致合作相对松散，在知识产权等问题上彼此还都比较敏感。

6.4.4 人才培养

跨国公司在其研发机构内设立专门的人员培训机构，对其内部人员进行技术培训，同时，借助大学的资源平台，培训员工并为研发机构储备人才。如在个别跨国公司研发机构内设立博士后工作站，根据研发机构的研究内容，开展专项研究。有些跨国公司还采取了与大学合作创办各类学院和培训机构的做法。此外，很多跨国公司还采取了设立“管理学院”或“培训中心”的方式加强与我国大学的合作，著名跨国公司还纷纷在我国的重点大学设立名目繁多的奖学金、奖教金等。

比如，IBM 组织 8000 多人次教师参加了不同形式的师资培训，80 多万人次学生参加了 IBM 相关课程的学习和培训，数万名学生获得 IBM 全球专业技术认证证书或 IBM 专业课程结业证书，数千名学生获得在 IBM 的学习和就业机会。同时，为了帮助大学生了解信息技术发展趋势，IBM 定期举办系列讲座和校园竞赛，参与学生超过 30 多万人次。此外，IBM 还投入大量的资金加大对中青年学科带头人和学术骨干的培养力度，通过"访问学者计划"、"创新资助计划"、"博士生英才计划"、"博士生联合培养计划"等支持对高层次人才的培养。[①]

以上跨国公司和我国大学的研发合作模式，是非常宝贵的研发合作经验的积累，需要不断深入地进行总结，并将其延伸到跨国公司研发中心与大学科技园的创新合作之中，无疑是有意义和价值的。

6.5　创新产业集群推进深度合作

我国大学紧紧围绕国民经济建设的需要，结合行业、企业、区域发展需求，建设了一批技术研发和产业化基地，形成了具有大学特色的技术创新产业集群。新型产学研机制推动了大学和科研院所的技术资源与企业的产业资源形成优势互补式的合作，在行业共性关键技术开发、用高新技术改造传统产业，促进经济与产业结构调整和行业技术进步等方面发挥着日益重要的作用。

北京大学、清华大学、北京科技大学、中国科学院自动化研究所、中国科学院生物物理研究所等，都相继加入中关村开放式实验室工程，以更好地发挥中关村地区科技资源的优势和作用，这进一步深化了产学研之间的合作。目前，创新主体与创业主体的逐步融合、产学研一体化运作，已经成为海淀园内技术转移的重要经验。

---

① IBM 网站 http://www-31.ibm.com/ibm/cn/university/about/index.shtml.

第7章 大学科技园与跨国公司合作条件

经过近20多年的发展，我国大学科技园已经具备了相当的规模，在管理体制上不断创新合作模式，更加适合与企业开展合作，在与企业合作方面已取得了初步的经验，为全面与跨国公司研发中心开展合作打下了良好的基础。

7.1 大学科技园模式适合与企业开展合作

我国 90 多家大学科技园管理模式不尽相同，各具特色。但不论哪一类模式，总体上都是围绕与企业更好地开展合作来设计安排的。

7.1.1 一校一园

某一个大学科技园由单一大学创办，只属于或依托于某一所大学，呈现一校一园模式，一般以单独一个大学冠名，这种类型的科技园占大学科技园总数的70%左右，如北京大学科技园、清华大学科技园、复旦大学科技园等。

一校一园模式由大学直接创办，在土地、资金、技术、人员、硬件设施等方面具备良好的基础条件，具有初期投入小，人、财、物均主要来自学校，方便启动，与社会各界的关系比较单纯，易于协调和管理。一般以所依托的大学为主导，联合其他力量组成管理机构（多采用股份公司形式），也便于与企业深度合作开发研究和形成系列产品，通过科研成果的转化促进大学学科建设。该模式具有投资风险较小，直接服务地方经济等优势。

7.1.2 多校一园

多校一园的发展模式（也称院校合作模式）是以多所大学为依托在某一区域内形成的大学科技园区，这类大学科技园一般是由发起院校共同组建一个独立的法人单位来建设管理整个园区，而且大多数实行的是企业化运行模式。此类型的大学科技园占大学科技园总数的20%左右。一般以联合共建大学冠名，如南京大学—鼓楼高校国家大学科技园（包括南京大学、河海大学、中国医科大学等）、合肥大学科技园（包括中国科技大学、合肥工业大学等）、东湖大学科技园（包括华中科大、武汉大学、华中农业大学等）、岳麓山大学科技园（包括中南大学、国防科大等）等。北京师范大学、北京中医药大学、中国协和医科大学采取多校一园、多分区联合共建，三校联合，优势互补，相互结合最终形成一体化的高新技术产业发展机制。

多校一园模式具有人才、知识、资金、信息、硬件设施等资源丰富，具有开放性和综合实力较强的优势，企业与之合作可以获得大学科技园比较全面的科研力量投入，多校一园有利于整合技术资源，有利于整合人才资源，有利于吸收社会各类资本，大学与大学之间联合开发研究有利于科研与经济的融合，有利于不同学科、同一专业不同方向之间的交叉结合。

【案例2】

南京大学—鼓楼高校国家大学科技园

南京大学—鼓楼高校国家大学科技园成立于2001年5月，由南京市鼓楼区人民政府与南京大学、河海大学、中国药科大学、南京师范大学、南京工业大学、南京邮电大学、南京医科大学、南京中医药大学、南京工程学院“九校一府”共同创建。

多年来，科技园相继引进了阿尔卡特—朗讯、艾默生电气等世界500强企业研发中心，新加坡金鹰投资集团等国际跨国公司地区总部；引进和培育了在电力自动化、信息电子、城市轨道交通、生物医药、化工新材料等行业一批国内的龙头企业，形成了多个特色产业集群。

科技园借助“九校一府”的组织模式和“政产学研金”相结合的创新体系，建立了较为完备的服务体系，科技园通过不断探索创新，创立了“高科技专利创业园”、“科技成果转化中心”、“江苏省高新技术创业服务中心软件孵化器”、“南京高科技国际风险投资服务园”、“IT企业家俱乐部”、“南京软件培训联盟”、“江苏工业设计园”、“科技园实验及检测设备公共服务平台”、“南大科技园-XILINX® FPGA创新中心”等多个人才创新创业的载体及服务平台。科技园先后荣获“江苏省高新技术产业化工作先进集体”、华东六省市“最具竞争力创业园区”等荣誉。

（注：根据南京大学—鼓楼高校国家大学科技园网站相关资料整理）

点评：鼓楼“九校一府”的大学科技园模式在与企业合作中能够发挥很好的作用，主要有以下因素：

首先，九所大学在地理区位上集中设立大学科技园，IT、医药等一些相同的学科专业形成的产学研一体化的领域聚合在一起，雄厚的研发力量对中外企业都产生了巨大的吸引力，不但国内相关行业的内资企业纷纷入驻园区，而且对于阿尔卡特—朗讯、艾默生电气这些世界500强跨国公司也直接进入园区设立研发中心，开展研发合作。

其次，园区搭建了高科技专利创业园、科技成果转化中心、高新技术创业服务中心软件孵化器、国际风险投资服务园、IT企业家俱乐部、软件培训联盟、工业设计园、科技园实验及检测设备公共服务平台等一系列科技创新的服务平台，为产学研合作提供了必备的保障条件，这些平台也正是大学科技园与企业研发合作的魅力和优势所在。

最后，南京大学—鼓楼高校国家大学科技园之所以获得了华东六省市“最具竞争力创业园区”等荣誉，说明科技园模式具有创新性，符合市场需要，特别是政府在其中的积极引导作用，强有力地推动了产学研合作和科技创新，并为地方经济的发展做出了积极贡献。

这种模式的不足是由于多所大学聚在一起，研发人员和机构隶属各自的管理体系，各有自己的渠道，企业在与其研发合作过程中，需要磨合和协调的地方很多，难免有面临多家主管部门的局面，影响研发的决策和效率，这需要在管理机制上进一步理顺。

7.1.3 多校一园多点

东湖高新区国家大学科技园由华中科技大学科技园、武汉大学科技园、武汉理工大学科技园、华中农业大学科技园、华中师范大学科技园以及综合大学科技园等组成。云南省大学科技园在全国探索实践“一园多校”、“联合式、开放式、网络式、虚拟式”的建园模式，并在云南大学、昆明理工大学、云南师范大学、云南农业大学、昆明医学院、云南中医学院、大理学院、云南财贸学院等大学设立了科技园分部，实现了大学、科研机构的智力资源与社会资源的有机结合。

多校一园多点的模式可以很好地发挥扩散辐射效应，多校在集中成功兴办主园区后，可以迅速地将其复制到各个多点的分园区，能够取得效益的最大化。

7.1.4 一校一园多点

清华大学创办清华科技园，并在广东珠海、江西南昌、陕西西安和咸阳、河北廊坊、江苏昆山等地建立辐射分园。河北工业大学科技园的宁晋单晶硅高科技园区，已成为世界上规模最大的太阳能单晶硅生产基地。以“环渤海行”活动为载体，先后与省内 8 个区市以及 30 余家企业签订了全面合作协议，与唐山市联合成立了“河北工业大学曹妃甸工业区循环经济与新能源发展研究院”，先后在唐山市、秦皇岛市、邯郸市、邢台市、迁安市建立了河北工业大学国家级大学科技园园区。浙江大学科技园在浙江宁波和江西南昌等地建立了科技园分园。

我国大学科技园经过近 20 年的实践，最早设立的一批大学科技园已经获得了比较成功的发展，它们将其成功经验复制到其他城市，从而突破了主园区的物理空间限制，发展并扩大了大学科技园的规模，也受到了这些城市的欢迎。这就是为什么近年来，如北京化工大学科技园、北京航空航天大学科技园等一校一园多点的模式迅速发展的原因所在。

7.1.5　政府学校共建

政府学校共建的模式是大学与所在的或邻近的地方政府共建的大学科技园，一般以所在地省、市、区冠名，如以所在省份冠名的有河南省国家大学科技园，以所在城市冠名的有合肥国家大学科技园、青岛市国家大学科技园，以所在具体区域冠名的有东湖高新区国家大学科技园、岳麓山国家大学科技园、大连一七贤岭国家大学科技园等。西南科技大学国家大学科技园初期采取“市校共建，以市为主”的建设模式，由绵阳市人民政府与西南科技大学合作共建，组建绵阳西南科技大学国家大学科技园有限公司，实行“政府支持、依托大学、市场机制、企业运作”的运行机制，负责科技园的日常建设与管理工作。

大学与政府共建大学科技园，能够充分利用高校和地方政府的各种资源，争取有效支持。政府导向作用十分突出，在科技园的发展中，政府对科技园的资金投入、基础设计、建设用地、财政经费补贴支持力度较大。

7.1.6　区中园

区中园的模式是指依托高新技术开发区或经济技术开发区良好的经济基础、产业化运做经验和强大的技术集合优势共同创办的大学科技园。如天津大学科技园由天津经济技术开发区和天津大学共同组建，天津大学科技园位于开发区中心地段，天津经济技术开发区和天津大学共同投资组建了天大科技园科技发展有限公司，负责天津大学科技园的经营和管理工作。

区中园的模式是大学科技园有效地借用了高新区、经济开发区形成的产业优势和良好的配套环境，大学科技园所形成的创新将有力地推动高新技术开发区或经济技术开发区企业同大学的联合与合作，加速大学高技术的扩散，同时，加速社会企业向高新区或经济开发区聚集。

7.1.7 技术转移平台

上海理工大学国家大学科技园依托上海理工大学强势学科优势，成立了上海理工大学技术转移有限公司和技术转移平台，深化产学研一体化战略，大力鼓励生产型服务业发展，进一步完善服务体系，通过综合服务实现对企业服务的增值体系。技术转移中心已在苏州、温州、武义、义乌、蚌埠、张家港、烟台、大丰等市区设立上海理工大学技术转移办公室和联络处，扩大科研服务领域。上海理工大学技术转移中心成立至今成绩斐然，开展了500多项技术开发、转移等工作，承接和参与投标项目的成交率达95%，合作伙伴近100家企业，合同金额8000多万元。同时现场为企业技术服务和诊断350项（次），解决120多项技术难题，产出达百亿的经济效益。

技术转移是企业实现技术创新的关键环节，是创新成果转化为生产力的重要途径。技术转移平台模式可以充分发挥大学科技园在国家技术转移体系和技术转移运行机制中的作用，通过信息交流与评估机构、行业网络服务平台等为企业技术需求与技术供给对接、科技成果与金融资本对接，吸引更多的企业进入园区开展技术合作。

北京市大学科技园共建立了 12 家技术转移中心：新材料北京市技术转移中心（依托北京科技大学科技园）、电子信息北京市技术转移中心（依托北京航空航天大学科技园）、汽车北京市技术转移中心（依托北京理工大学科技园）、化工与环保北京市技术转移中心（依托北京化工大学科技园）、城市交通北京市技术转移中心（依托北京交通大学科技园）、先进制造北京市技术转移中心（依托北京工业大学科技园）、新医药北京市技术转移中心（依托首都医科大学资产管理公司）、都市农业北京市技术转移中心（依托中国农业大学科技园）、服装北京市技术转移中心（依托北京服装学院服装艺术与工程学院）、低碳能源北京市技术转移中心（依托清华大学科研院）、电力技术北京市技术转移中心（依托华北电力大学科技园）、通信网络北京市技术转移中心（依托北京邮电大学科技园）。北京地区大学科技园技术转移效果比较好，是与这些技术转移中心发挥的平台作用直接相关。

7.1.8　虚拟大学园

深圳虚拟大学科技园是全国唯一一家“一园多校、市校共建”的科技园。科技园以深圳虚拟大学科技园为依托，以深圳清华大学研究院、深港产学研基地、深圳国际技术创新研究院等为启动区，以高新区填海六区为产业化基地，由政府在高新区内划出一块土地，除政府投资建设一部分公共孵化器、加速器、公共技术平台用房和公共配套设施外，大部分土地由符合条件的深圳虚拟大学科技园成员院校申请，独立建设和发展自己产学研基地的一种新型市校共建模式。深圳虚拟大学科技园汇集了国内外知名大学的人才、技术、信息等综合智力优势和深圳的社会资源优势，聚集了53所国内外知名院校，建立事业单位建制、独立法人资格的成员院校深圳研究院42家；搭建“深圳虚拟大学园国家重点实验室（工程中心）平台”，在深设立研发机构113家；设立“深圳虚拟大学园孵化器”，累计孵化科技企业704家。

网络经济的快速发展为大学科技园建设和管理提供了新的机遇。深圳虚拟大学园的成功运作表明，适应互联网信息技术快速发展的特点，在现代信息技术条件下对大学科技园的运营模式和管理方式进行了全新的探索。构建虚拟大学科技园网络，可以突破地域局限，整合资源，降低企业运营成本，为中小企业提供技术监视、技术评估、网络服务、技术审核、市场开发和项目财务管理等相关远程实时在线服务，同时也便于从大企业特别是跨国公司获得技术信息、开展创新合作。动态的、开放的、虚拟化的运作模式可以实现科技创新资源跨越空间阻碍实现聚集,从而破解了大学科技园发展物理空间不够的难题。

7.1.9 与国外大学科研单位合作

我国大学科技园在产学研合作中，主体形式是大学与企业之间的合作，但也出现了大学科技园与国外大学和科研机构的合作形式。比如，常州市大学科技园与俄罗斯、法国、以色列、美国、加拿大、英国、香港等国家和地区的高校、科研机构开展合作，建有与俄罗斯新西伯利亚科学城合作的中俄生物技术研究所等国际合作研发机构。中国矿业大学国家大学科技园与美国、德国、澳大利亚、加拿大等国家的高新企业及科研机构进行洽谈与交流，与德国奥尔登堡市签订了能源集群协会（OLEC）友好战略合作协议以及环境保护技术网络（UNO）友好伙伴合作协议。中国矿业大学国家大学科技园借鉴德国鲁尔工业区的成功经验，在建设“中德中心”的基础上，建立一个能源开采与利用、设备制造与新材料研发基地的“东方鲁尔工业园”。

【案例 3】

大连理工大学—岩手大学国际合作与技术转移中心

在长期合作的基础上，2006 年 4 月大连理工大学和日本岩手大学在大连理工大学科技园共同成立了“大连理工大学—日本岩手大学国际联合与技术转移中心”国际合作平台。双方每年联合投入 50 万人民币以资助该平台的建设，将双方教育、研究成果向日本岩手县及大连市为中心的各地区企业进行技术转让，同时也将帮助和介绍各地区企业之间进行合作，联合推进产学研结合等事项。双方在合作中，积极推动两校在 IT、铸造和模具领域的学术交流、科技合作、留学生的短期互派，并在双方的官、产、学、研的合作交流方面取得了丰硕的成果。双方通过交流，不断地摸索着合作新模式，根据两地区的国情与特点，2012 年将中心更名为“大连理工大学—岩手大学科学与技术联合中心”。

中心自成立以来推动了岩手大学与大连理工大学在“蓝莓技术”的国际合作，并得到了大连市外专局的资助；促成了岩手大学的 CG

（Computer Graph）技术与大连泰康科技有限公司3D动漫技术的融合开发。大连泰康科技有限公司在岩手大学设立了研究室，共同开发CG技术的应用和员工培养；岩手大学的铸造技术也应用于大连四达铸造有限公司。同时，大连理工大学与日本岩手大学之间的国际产学研合作也得到了日本贸易振兴机构RIT事业的赞助。RIT在全世界只采纳了15个项目，其中中国3项，大连占2项，该项目也是JETRO对大学的首次资助。推动了两校在IT、化工、铸造和模具4个领域的科技合作和学生交流，建立1个研发平台，完成1项成果转化，举办了8届国际官产学研合作交流会，推动了大连市与日本盛冈市、韩国大田市之间的政府、企业、高校的"官产学研"合作，并于2007年和2009年分别获得中、日政府的经费支持。目前，双方正在筹划成立"亚洲模具联合研究中心"。

大连理工大学科技园作为大连理工大学的科技成果孵化平台和管理平台，将大连理工大学的技术研发资源和人才资源与市场、资本等资源进行有效合理的整合，以促进科技成果向市场和产业方向转化，最终实现科技成果的市场化和产业化。科技园进入产业化的多个科技项目，已经进入良性循环，取得了良好的业绩和经济效益。科技园与多国著名高校、研究机构、跨国公司建立了国际高新技术合作关系。

（注：根据大连理工大学国家大学科技园网站相关资料整理）

点评：大连理工大学科技园与岩手大学的合作使大学科技园在产学研国际化合作上迈出了新的一步：

对企业产生极大的吸引力。岩手大学在铸造、模具等领域具有领先的研究，在国际上特别是日本业界很有影响，大连理工大学科技园与其合作共同建立科学与技术联合中心，一方面，可以带来新的研发技术、先进的研发管理理念，提高自身在这些领域的研发水平，另一方面，可以通过岩手大学在业界的影响力拓展与境内外合作的对象，增加新的合作项目，与更多的国内外企业开展合作，创造新的商业机会。

容易获得政府和相关机构的支持。由于合作的双方都是研究机构，比较容易获得有关部门和机构的信任，争取到一些资金支持，为进一步研发创造条件。

这种大学与大学之间跨越国界的科研合作，最大的困难就是自身的财力有限，研发活动在很大程度上要依赖外部的支援，当然也要取决于为企业提供的技术服务能力和水平。

7.2 大学科技园与企业合作成效

经过近 20 年的发展，我国大学科技园数量稳步增加，规模逐渐扩大，办园模式呈现多元化、趋于国际化，并且，已经拥有了国际一流的国家大学科技园。大学科技园在培养创新创业人才、转化大学科技成果、孵化高新技术企业、推动高新技术产业发展、加速区域经济发展和行业技术进步以及缓解就业压力等方面发挥了重要作用。

7.2.1 有效促进科技创新企业发展

大学科技园已成为各类创新要素与资源汇集、融合的聚集地，充分依托大学学科优势和资源，建设完善的创新创业孵化体系，不断提升专业服务能力，运用市场化的服务手段，孵化出了一批具有较强市场竞争能力、自主创新能力的科技企业。大学科技园使科技型企业根据市场需求和自身利益选择大学科技成果，为科技成果在孵企业提供人力资源、技术资源和资金支持，促进孵化成长的科技企业进一步发展壮大。大学科技园还促使科技企业通过资本运作，按照现代企业制度，发展成技术含量高、市场潜力大、运行机制灵活和国际接轨的高科技企业，真正成为市场经济竞争的主体。国家大学科技园构建公共服务平台，集聚高校创新资源，完善转化和孵化机制，促进在孵企业提高技术创新能力。

截至 2012 年，根据对国家大学科技园的不完全统计，国家大学科技园有可自主支配面积 919.4 万平方米，入驻在孵企业 7369 家，当年新孵企业 1787 个，累计毕业企业从 2002 年的 720 家发展到 5715 家。孵化企业总收入 206.7 亿元，在孵企业人数 13.2 万人。[①]

【案例 4】

浙江大学国家大学科技园搭建服务平台

浙大科技园十分注重科技创业创新服务体系的建设，以成果转化、企业孵化为工作核心，强化为入园机构和企业提供优质服务，如投融资咨询服务、科技成果转移及产业化咨询服务、各类科技计划申报及高技术项目和企业认定的咨询服务和落实税收政策等方面的一系

① 国家大学科技园主要经济指标. 科技部火炬中心网站 http://www.chinatorch.gov.cn/kjb/tjnb/201401/10.

列服务，引进和新建了 20 余家中介服务机构。

浙大科技园持续进行公共技术服务平台建设。已建成“浙江大学国家大学科技园光与电技术开放实验室”和“浙江大学科技园生物医药技术测试中心”两个公共技术服务平台，为电子信息、光机电一体化、新材料新能源和生物医药等技术领域的科技企业提供产品研发测试、试验服务。近三年多来，累计为 120 多家科技企业提供服务，每年完成测试 2000 多项次,有效地促进了入园企业产品研发进度和孵化进程。每年有一大批科技成果在浙大科技园内实现转化。

浙大科技园非常注重风险投融资服务平台的建设，设立 1 亿元人民币创业投资基金，成立“风险投资联盟”和“产业投资联盟”，建立了投融资平台，解决企业快速发展过程中资金需求问题。每年举办多次“科技项目与资本对接会”，积极推进科技成果与民间资本的对接，加快了科技成果转化与企业孵化进程。浙大科技园与英国君信投资公司、天堂硅谷创投、杭州市高科技投资公司、浙大网新创投、浙江大学创投等多家海内外投资公司建立战略合作关系，并与华立科技、大唐电信、永利控股等多家上市公司和大企业集团建立产业投资联盟，为入园企业引入风险投资和产业投资。民间资本与浙大科技成果结合，在科技园注入资金达到十几亿元，占到入园企业注册资金的60%以上。

浙大科技园入园企业 800 多家、累计孵化企业 600 多家、累计毕业企业 257 多家，培育省级以上高新技术企业 60 多家，认定软件企业 30 多家，培育了斯凯网络、莱昂国际两家上市公司。员工总数超过 10000 人、孵化场地面积 70000 平方米，转化学校科技成果 400 多项。

浙大科技园分别在浙江宁波、长兴和江西南昌等地建立了分园，各分园已有新创办科技孵化企业200多家。多年来，浙大科技园入园企业累计实现产值100多亿元，利税10亿多元，2012年浙江大学国家大学科技园在全国国家大学科技园复核和考评总分排名全国第三。

（注：根据浙江大学国家大学科技园网站相关资料整理）

点评：浙大科技园提供服务平台，抓住了与企业合作的关键收到了很好的效果。

为企业提供了科技创新全面优质的技术服务平台，成效显著。浙江大学国家大学科技园光与电技术开放实验室和浙江大学科技园生物医药技术测试中心，都是单个企业难以做到的，但却是企业技术创新中特别需要的技术支持。如果企业在技术创新活动中能够获得充分的技术支持，对企业入驻大学科技园区就产生了极大的吸引力。

企业投资融资始终是难点，特别是在创业初期尤为困难，浙大科技园利用其影响力适时地建立投资基金、引进风险投资等公共服务，极大地助推了企业的成长。

浙大科技园在科技创新中扮演了最恰当的角色，做了最该做的事。反过来也推动了自身的发展，进入了良性循环。

如果能与跨国公司、国际知名研究机构进一步加强合作，增加一些国际技术服务支持，如标准、检验、测试等服务，将会产生更大的效果和吸引力。

7.2.2 科技成果转化显著

大学科技园是促进知识创新成果转化及产业化的重要平台，大学科技园集中了高等院校的大部分科技资源，在创新体系中发挥着重要的作用。大学科技园把产学研各方的优势资源聚集起来，通过专业化的服务支撑，帮助企业成为技术创新的主体，大学科技园的发展和壮大催化了大学科技成果产业化的进程。大学科技园的企业在我国科技创新活动中的地位得到提升，企业的技术创新能力进一步增强。

截至2010年底，全国共有国家大学科技园达到86家，累计转化科技成果4606项，在孵企业承担各级各类计划项目1728项，其中国家级项目345项。在孵企业申请专利5603项，其中发明专利2333项。批准专利2857项，其中发明专利872项，购买国外专利34项。管理机构从业人员2343人，企业从业人员12.76万人，在孵企业总收入为221.63亿元。[①]

7.2.3 培养创新创业人才

大学科技园作为创新创业人才聚集和培育基地，为大学师生提供了极好的创业条件，使大学里的最优秀科研人才，先进的技术条件得到了充分的发挥。大学科技园非常重视创新创业人才的培育工作，建设了高水平、专业化的大学科技园管理服务队伍。以北京市大学科技园为例，通过举办各种培训及专业服务，成功培养了一批高素质的科技创业企业家、高层次技术人才和应用型人才，共吸纳大学生创业企

---

① 科技部高新技术发展及产业化司. 创新理念建设中国特色的国家大学科技园. 中国高新技术产业导报，2012-10-29.

业 513 家，已成为广大创业人才的创业教育基地和中小企业家的成长摇篮。

7.2.4　大学科技园促进科技成果和资本有效结合

大学科技园根据各大学的具体情况，不断拓宽科技投入渠道，增加基础性研究和科技成果产业化的经费来源，指导大学逐步扩大风险投资、国外金融机构的科技贷款、创业投资等科技投入渠道，形成全社会的多渠道、多形式的科技投入体系，促进了大学科技成果和资本有效结合，提高了转化率。国家大学科技园资金总额由 2006 年的 82.6 亿元，上升为 2010 年底的 125.71 亿元，其中，自有资金占 56.93%，政府拨款占 2.73%，年末贷款余额占 28.58%，年末固定资产净值 48.67 亿元，孵化基金总额 8.21 亿元。①

7.2.5　产学研创新反哺大学学科建设

大学科技园积极推动我国高等教育的改革和发展。大学科技园以企业为技术需求方，以科研院所或大学为技术供给方，大大促进了技术创新所需各种生产要素的有效组合。大学从科研力量、学术资源等方面对大学科技园及其园内企业的发展给予强有力的支持，同时，大学科技园也通过一系列的“反哺”效应，不断完善大学的创新创业学科教育，增强学生的创新实践能力。大学科技园用鲜活的实践案例对大学学科建设形成有益的补充。大学科技园的发展还不断完善了大学规划，拓展了大学的办学空间，加强了校际交流和国际交往，为大学

---

① 科技网 www.stdaily.com：http://old.stdaily.com/special/content/2012-10/26/content_534147_4.htm.

教师科技成果转化和实现提供了广阔的平台。随着大学科技园的实践探索和经验积累，在某些技术领域和科技创业方面已经形成了较为系统的理论，如清华大学、中国人民大学、北京航空航天大学等依托科技园建立了创业学院，开设创业相关专业课程，专门培养创新创业人才。

上海的国家大学科技园通过技术咨询、合作研发、平台建设等多种方式形成了产学研联盟建设，产学研合作机构（科促会、技交所、技术经纪人、研发平台、孵化器等）产业技术创新战略联盟建设等特色做法，培育了一大批拥有原创技术的高科技企业。加快形成与本地经济发展相适应、与产业发展相衔接的结构合理、类型多样、机制灵活的合作体系，建立了“官、产、学、研、金、介、贸”相结合的管理体制、合理的产权激励和利益分配机制、有效地推动了产学研合作、积极把产业龙头企业、集团企业集聚起来，推进大学科技园发展。[①]

7.3 大学科技园与企业合作的支持政策

实施有效的政策支持是大学科技园与企业合作可持续发展的重要保障，我国对已建立的大学科技园税收优惠政策就充分体现了这一点。譬如，自2008年1月1日至2010年12月31日，对科技园向孵化企业出租场地、房屋以及提供孵化服务的收入，免征营业税。对符合条件的科技园自用以及无偿或通过出租等方式提供给孵化企业使用的房产、土地，免征房产税和城镇土地使用税。2013年12月财政部、

① 邓淑华. 上海大学科技园：多措并举推进产学研合作. 中国高新技术产业导报，2013-4-1.

国家税务总局再一次下发《关于国家大学科技园税收政策的通知》，自2013年1月1日至2015年12月31日，对符合条件的科技园自用以及无偿或通过出租等方式提供给孵化企业使用的房产、土地，免征房产税和城镇土地使用税；对其向孵化企业出租场地、房屋以及提供孵化服务的收入，免征营业税。营业税改征增值税（以下简称营改增）后的营业税优惠政策处理问题由营改增试点过渡政策另行规定。

享受房产税、城镇土地使用税以及营业税优惠政策的科技园提供给孵化企业使用的场地面积（含公共服务场地）应占科技园可自主支配场地面积的60%以上（含60%），孵化企业数量应占科技园内企业总数量的75%以上（含75%）。

“孵化企业”应当同时符合以下条件：企业注册地及主要研发、办公场所必须在科技园工作场地内。属新注册企业或申请进入科技园前企业成立时间不超过3年。企业在科技园的孵化时间不超过42个月。海外高层次创业人才或从事生物医药、集成电路设计等特殊领域的创业企业，孵化时间不超过60个月。

符合《中小企业划型标准规定》所规定的小型、微型企业划型标准。迁入的企业，上年营业收入不超过500万元。单一在孵企业使用的孵化场地面积不大于1000平方米。从事航空航天、现代农业等特殊领域的单一在孵企业，不大于3000平方米。企业产品（服务）属于科学技术部、财政部、国家税务总局印发的《国家重点支持的高新技术领域》规定的范围，且研究开发费用总额占销售收入总额的比例不低于 4%。[①]

7.4 大学科技园与企业合作存在的问题

7.4.1 需要解决的问题

运行体制、机制不健全、不顺畅已成为制约和影响大学科技园和企业合作的一个关键问题，随着整个国家创新体系的建设，区域经济的发展，也需要产生一种新的模式。

园区之间主导产业方向趋同，重复建设，化解优势，分散资源，增加成本，非优化配置，表明大学科技园发展还不平衡。

政策支持还有空间，仅以大学科技园的优惠政策而言，国家在税收、基本建设、工商管理、人才激励等方面给予了大学科技园一定的扶持和激励政策，但在投融资等方面还可以进一步加强和完善。融资渠道不畅始终困扰着孵化项目的转化和企业的成长，一些成长性好、资产优良的创新型企业到海外资本市场融资说明一定的问题，大学科技园还需要国家更有效地投入。

7.4.2 大学科技园与企业合作的发展方向

建设大学科技园需要得到政府、社会各界特别是企业的支持，大学科技园应有针对性的对业界开展宣传工作，扩大科技园的认知程度和影响力，吸引业界的关注，吸引更多更好的企业入园创业发展。大学科技园应更多地向业界展示自己的研发优势，主动提出研发合作项

---

① 财政部，国家税务总局.《关于国家大学科技园税收政策的通知》（财税〔2013〕118 号）. 2013-12-31.

目，以吸引企业的合作，从而形成与企业资源优势互补，形成实质性合作。

《国家大学科技园"十二五"发展规划纲要》也明确了大学科技园要加强与企业合作的方向。大学科技园要不断提高自身的创新能力，加快研发成果转化，建立各类专业技术创新服务平台，建立行业网络服务平台，加强企业需求与技术供给对接、科技成果与金融资本对接、创新人才与科技型企业对接，与产业界建立业务联盟，建立一批产业技术创新战略联盟。

为入驻大学科技园的企业创造研发条件，充分利用本校的各种研发资源，整合校内研发力量，建立研发设计等公共服务平台，促进共性关键技术研发攻关，鼓励企业单独或与大学建立研发机构，建立投融资服务平台，孵化创意、设计、科技服务等新兴领域的企业，培育创新企业成长。加强与高新区、高新技术产业化基地、特色产业基地等产业集群的合作。

加快支持大学科技园发展的相关政策制定，对于企业进入园区开展研发活动，在税收、信贷等方面提供优惠政策，引导社会优质资源和创新要素向大学科技园聚集并发挥积极推动作用。将大学科技园切实地纳入国家技术创新体系当中，并作为创新体系的重要一环发挥功效。[1]

此外，尤其值得关注的是，在《国家大学科技园"十五"发展规

---

① 科技部，教育部.《国家大学科技园"十二五"发展规划纲要》(国科发高〔2011〕362 号). 2011-8-5.

划纲要》中，关于对外合作这一块，仅仅提出各大学科技园“既可以与国内企业合办，也可以与国外企业合办”这样一个思路。而在《国家大学科技园“十一五”发展规划纲要》中，则高度重视大学科技园的国内外合作与交流，强调“走出去－引进来”的国际化道路，要求积极拓展合作渠道和方式，推动与国内外相关机构的密切合作。在《国家大学科技园“十二五”发展规划纲要》中，继续强调要加强国家大学科技园的国际合作与交流，加快国家大学科技园的国际化发展步伐。在教育部科技部等有关文件中，也多次强调要大学科技园加强国际合作，以官方和民间等各种渠道，推动我国大学科技园与世界著名大学科技园的合作，吸收国外成功的管理经验，引进国外风险投资资金，并探索与国外共建大学科技园。

通过对以上三个规划纲要的比较分析，看出国家越来越具体明确的指出了大学科技园开放的基本态势和路径选择，既符合大学科技园发展的探索实践，又符合世界科技创新的发展趋势和潮流。所以，国家大学科技园要扩大视野，在国际交流与合作中壮大自己。为此，大学科技园需要进一步进行战略发展方面的研究，找准创新点与合作的切入点，找准合作伙伴，设计规划为创新合作搭建的公共服务平台等。所以，坚定不移地对外开放，坚持国际化视野，加强与国外企业合作，特别是加强与拥有国际领先研发技术的跨国公司合作，是国家大学科技园发展的重要方向和路径选择，使其真正发挥大学科技园在国家科技创新战略中的重要作用。

第8章 跨国公司在华研发合作战略变化

跨国公司研发中心变动趋势有利于和大学科技园的合作。海外研发机构对于跨国公司在全球经营战略中有着重要的地位。跨国公司为了争夺我国这个世界上最大的潜在市场,不仅在华投资建立研发中心,而且，在华的跨国公司研发中心的变动趋向也越来越有利于与大学科技园的合作创新。

8.1 研发中心规模扩大

1997年前，在我国境内仅有少数几家跨国公司设立研发中心，而且基本上是按照政府硬性规定被动设立的，如跨国公司设立汽车制造的合资企业就必须设立研发中心，否则，政府不予批准。我国加入WTO以后，市场开放不断扩大，跨国公司加大了对我国的投资，从战略竞争的考虑，跨国公司主动在华设立研发中心。近年来，跨国公司在华研发投入不断加大，而且外商投资研发中心的基础型、创新型本地化研究所占比重有所上升，越来越多的跨国公司将在华设立的研发中心作为其亚太区研发总部，甚至升级为全球研发中心。

截至 2009 年底，跨国公司在华设立各类研发中心超过 1200 家。政府批准的独立法人形式外商投资研发中心共 465 家，投资总额 128 亿美元，注册资本 74 亿美元。到 2013 年，在华运营的跨国公司研发中心进一步上升到 1800 多家。目前，外商投资企业已成为我国研发创新活动的重要组成部分。

8.2　研发中心设立速度加快

跨国公司在华研发中心加速设立。鼓励跨国公司来华开展研发创新活动是我国引导外资投向的重要内容之一。跨国公司在我国的业务普遍取得了良好的收益，是它们全球业务的为数不多的亮点。但随着我国市场日益成熟，竞争越来越激烈，跨国公司在华也需要拿出核心竞争力才能保持其竞争优势，这就要加大对研发中心的投入。跨国公司会把一些高端的产业活动往我国转移。同时，我国经济的稳步增长也让跨国公司看到了巨大的发展空间。

最近几年，跨国公司在华的研发活动明显加快了进程，显示出很高的热情。包括世界 500 强企业在内的多家跨国公司纷纷宣布扩展在华研发中心的业务，增加新的研发项目。一方面，跨国公司大量关闭或者缩减在欧美研发中心的规模，另一方面，加速在华研发中心的扩张。全球咨询公司博斯的一份报告显示，全球创新 1000 强企业 2011 年在欧洲的研发投入仅增长了 5%，而在中国和印度增长了 27%。

麦肯锡最近一份在华医药研发的报告显示，过去五年跨国医药公司在华研发投资超过了 20 亿美元。《印度时报》2012 年 12 月 5 日指出，中国正成为世界上最有活力的研发基地，跨国企业在华设立的研发中心数量也如井喷般增长，成为“中国智造”的推动力量。

上海是跨国公司研发中心比较集中的地区，跨国公司已设研发中心359家，2012年，新设罗地亚新材料研发、巴斯夫应用化学研发等研发中心17家，2013年上半年，新设研发中心8家。

8.3 研发内容向全球基础研究延伸

跨国公司在华研发的内容由面向中国市场的应用技术开始转为面向全球的基础研究。跨国公司最初在我国设立的研发中心，主要是从事产品或工艺的研究与开发，重点是针对当地市场与消费需求对产品进行改良，并针对本地市场从事开发新产品与应用。此时的研发部门，基本是设在公司内部，与生产部门紧密联系，属内设式的研发机构，主要是为当地市场服务，比如宝洁公司针对中国人的头皮屑问题，研制开发出海飞丝洗发水，针对中国人习惯冷水洗衣的特点，研究洗涤剂中酶的含量问题。

随着经济全球化的加快，跨国公司从全球战略出发，逐渐把基础研究作为海外研发机构的一项主要功能，充分利用所在地的技术开发信息和科研人员，降低母公司的技术开发成本，随时获得相关技术信息，跟踪世界范围内相关技术发展的最新动态。跨国公司也调整了其在华研发中心的研究内容，开始从事基础研究，研发的范围不仅仅局限于我国本地，而是作为跨国公司全球重要研发单位之一，将研发的内容进一步向基础性、先导性延伸。

跨国公司研发转而向全球市场开发产品，从中国制造到全球研发的新动向，从研究适合中国市场的技术，到将研究前沿技术的孵化器搬进中国，面向世界研发技术，使研发机构所在地成为跨国公司全球研发战略中的重要环节。如 2010 年，微软将位于北京的微软中国研发集团升级为微软亚太研发集团，统领北京、上海、香港、台北、东京、首尔、悉尼和曼谷等地的分支机构，成为微软在美国本土之外规模最大、功能最完备的研发基地，从事计算机领域最前沿的基础研究。

同时，跨国公司研发机构与我国有关科研机构合作，开发面向全球的技术，同时提供适合中国市场的产品和解决方案。英特尔同清华大学等三家大学联合成立了英特尔移动网络与计算协同研究院，这是英特尔在全球唯一一家专门研究面向未来移动互联网突破性解决方案的研究机构，研发的重点是面向全球，这些技术不但服务于中国，而且最后要服务于全世界。微软还第一次把孵化器搬进了北京中关村，微软称这不仅仅和大企业合作，和中型企业合作，和小型企业合作，也是和初创企业、新创企业合作。

跨国公司研发中心这种重大转变是在我国加速经济结构调整，由传统的制造业向智能制造转型的背景下发生的。跨国公司研发中心从当初面向中国市场应用的研发，转为更多是先导性技术的面向国际市场的研发。跨国公司在华的研发机构的一些有特色或有创新的先导研发必将在海外市场得到逐步应用，实现研发的最大效益。随着跨国公司在华研发投入力度的加大，未来跨国公司在华研发反哺海外市场将成为常态化。

8.4 研究项目向多行业多领域扩展

跨国公司在华设立的研发中心最初只是集中在IT、汽车等极少数行业，但这几年，随着跨国公司研发中心的增多，跨国公司研发中心也正在向多个领域扩展，现在跨国公司研发中心主要集中在技术密集型行业，如电子通信、生物医药、交通、化工、软件设计等行业。特别引人注意的是，由于我国正在逐渐由“中国制造”向“中国创造”转变，跨国公司开始在其设立的加工制造企业大量设立研发中心。研究的内容主要从事科技前沿技术的研究和开发，一些研发中心所开发的技术已经达到全球同行业中的先进水平。例如，第三代移动通信技术、计算机网络、软件开发、新一代人机交互技术、新一代无线互联技术、系统芯片的集成技术、云计算、物联网等。

8.5 研发中心地点向内陆延伸

跨国公司在华的研发中心最初大都集中在北京、上海，其主要原因是这两座城市汇集了我国著名大学和科研院所，代表了我国最高科研水平。此外，两地拥有先进的基础设施、交通发达、信息交流通畅、政府工作高效而且规范。北京、上海又是跨国公司在华的地区总部所在地，跨国公司将研发中心和总部设在一起，使这些研发机构可以及时了解技术发展动态及政府的政策动向，还可以获得政府提供的良好服务。最近几年，考虑到生产业务的需要，跨国公司增加了在广东、江苏和浙江等沿海地区设立研发中心，在中西部地区西安、成都、重庆、合肥、沈阳等地跨国公司的研发中心也开始布局。我国政府也鼓励更多跨国公司将研发中心设到中西部去。

8.6　推进人才本土化战略

近来，跨国公司研发中心最显著的变化就是大力实施人才本土化战略，加快对我国优秀人才的争夺。跨国公司立足于长远发展战略，采取多种手段，通过多种渠道争夺我国优秀人才。跨国公司以其良好的薪资条件、优越的研究环境等吸引了众多研发人才。

跨国公司在华研发中心拥有世界一流的先进设备和技术，研发的软硬件环境都明显优于本土科研机构。同时，跨国公司在华研发又为科研人才提供了更加优越的研发岗位、更大的发展空间和更多的学习机会，对我国的优秀科研人才产生了巨大的吸引力。现在，在华跨国公司研发中心的研究人员，基本上都是硕士、博士，而且绝大多数为本土人员。跨国公司对我国的人才投资也不仅依靠高薪待遇吸引已有的人才，而且还把目标转向名牌大学的学生，通过推行一些教育计划或者竞赛项目，吸引更多的优秀学生加入其中。

8.7　加强与本地科技资源合作

跨国公司特别注意加强利用我国本地研发资源，以实现在中国研发成果最大化。以前许多跨国公司研发中心通常是人数较少，相对封闭，在本公司内部搞研究。现在，跨国公司在我国调整了研发策略，采取了一系列措施加强与本地研发资源的联系与合作。比如，积极吸纳和培养本地优秀人才，与本土产学研单位进行研发项目合作，将一些研发项目委托、分包给当地研发单位，也积极参与当地的一些科技项目的研发合作，提供相应的技术支持。

诺基亚西门子通信公司的中国研发中心积极跟踪并研发在中国发展较快的TD-LTE等尖端4G通信技术。其上海研发中心与中国运营商共同开发设计光传输网络交换机。同时，为了充分发挥本地人才的潜力，该公司已雇用超过1000名中国研发人员，并计划继续扩充本地研发力量。

8.8 以独资研发中心为主

跨国公司大多倾向在华设立独资研发中心，北京、上海等外资研发中心比较集中的地区，采用独资形式的都在80%以上，一般采取设立在公司内部，研发机构是非独立法人。作为独立法人的研发中心也主要采取独资方式。这样有利于跨国公司母公司和子公司之间以及子公司相互之间内部技术的转移，防止技术向外扩散。在独资的方式下，跨国公司的技术保密性增强，也利于其开发的技术在跨国公司内部实施全球转移。近年来，在华大规模扩建的跨国公司研发中心，基本上都是采取独资的方式。

8.9 研发中心信心增强

2010年4月，国务院出台了《关于进一步做好利用外资工作的若干意见》，明确提出进一步鼓励跨国公司在华设立研发中心，并列出了税收等具体优惠措施。研发中心属于用地集约的国家鼓励类外商投资项目，优先供应土地，在确定土地出让底价时可按不低于所在地土地等别相对应的《全国工业土地出让最低价标准》的 70%执行，在 2010 年 12 月 31 日以前，对符合规定条件的外资研发中心确需进口的科技开发用品免征进口关税和进口环节增值税、消费税。

科技部公布的《关于开展 2010 年国家自主创新产品认定工作的通知（征求意见稿）》中明确指出：在中国境内具有中国法人资格的产品生产单位，均可自愿申请国家自主创新产品认定，这里强调了外资企业的“国民待遇”。

为进一步吸引跨国公司来华设立研发中心，上海对跨国公司研发中心投资总额内进口的自用科研设备免征关税；对跨国公司研发中心科技开发用品免征进口关税和进口增值税、消费税；符合《上海市高新技术企业认定管理办法》的跨国公司研发中心可以享受高新技术企业有关优惠政策；符合《上海市技术先进型服务企业认定管理试行办法》认定条件的跨国公司研发中心，可享受技术先进型服务企业的有关优惠政策等。

为鼓励外资研发中心加快技术成果转化、拓展研发合作，上海鼓励外资研发中心具有自主知识产权的技术和成果进入技术交易平台等技术市场交易；鼓励外资研发中心与上海所属大学、科研机构和企业开展多种形式的合作研发活动；鼓励外资研发中心参与上海研发公共服务平台，更好地融入全市自主创新体系。

上海新的鼓励政策允许长期居留的跨国公司研发中心外籍人员

申请最长五年有效的外国人居留许可；对符合条件的跨国公司研发机构急需人才落户提供便利；新增了与研发中心人员相关的就业许可、人才培养等政策条款，为跨国公司研发中心雇佣和培养研发人员提供有效的政策支持。

知识产权保护是跨国公司研发中心非常关心的问题。近年来，我国通过不断加大打击知识产权侵权犯罪惩处力度，遏制侵权行为，打击侵犯商标权违法行为，针对网络文学、音乐、视频、游戏、动漫、软件等侵权盗版行为开展专项治理。集中开展知识产权执法维权行动，加大对涉及民生、重大项目及涉外等领域专利侵权行为的打击力度，加大知识产权日常执法和专项整治行动力度。国家知识产权保护的大环境完善，越来越有利于跨国公司研发中心更多地开展新技术的研发。

这些对跨国公司研发中心的政策扶植，使跨国公司对在我国设立研发中心的信心不断增强，一项针对在华跨国公司的调查显示，跨国公司在华发展战略正在发生转变，排在前几位分别是开拓中国市场，提升在华产业技术水平，扩大制造业投资，以及以中国为基地开拓国际市场。有31%的被调查企业表示要在华开展研发活动，列在第五位。

8.10 研发中心需要解决的问题

无论是跨国公司设立研发中心的角度，还是对从跨国公司研发中心的管理，我们都面临着一些需要深入研究和解决的理论和实践问题。

关于跨国公司研发中心的定性问题。跨国公司研发中心是我国的企业，是我国科技创新系统的组成部分，但是受其母公司控制和指挥，其研究成果归属、知识产权等界定有交叉；如何与跨国公司在华合办研发机构并建立起较长期、稳定的合作关系；如何采用多种方式加强与跨国公司合作交流，扩大技术溢出效应，比如，与跨国公司研发中心共同出资组成联合基金、共同设定研究课题；与跨国公司研发中心共享科技资源平台。如何有范围、有条件地吸收跨国公司研发中心参与国家的一些重点科研项目；如何培养中方合作主体自身的研发能力和水平，加大与跨国公司合作的基础和实力，以便更有效地充分吸收和消化跨国公司的先进技术；在与跨国公司研发中心合办研发机构、联合项目研发和联合设计中，既要保护对方的知识产权，也要十分注意保护我方的无形资产和共同研发的成果共享。

政府有关部门也在不断地研究修改中国既有的跨国公司研发中心的相关规定，使之更有利于跨国公司在华研发中心发展。

第三篇　合作模式评述

跨国公司研发中心与大学科技园的合作尚在初始阶段，但已进行了有益的探索，涌现了一些各具特色的合作模式，显现了巨大的生命力，同时也发现了合作中亟待解决的问题。只要采取正确的政策和措施，跨国公司研发中心与大学科技园的合作道路就会越走越宽广。

第 9 章　跨国公司研发中心与大学科技园合作模式

根据大学科技园各自的发展水平和实际情况，以及跨国公司在华投资的战略布局，跨国公司研发中心与各个大学科技园的合作差异性很大。一般说来，在北京、上海比较集中，合作的程度也比较深。大学科技园的自身发展态势良好与跨国公司研发中心的合作就多一些，形式也呈多样化。经过十余年的探索实践，跨国公司研发中心与大学科技园的合作进行了有益的尝试，根据各大学科技园和跨国公司的具体情况，形成了各具特色的初步合作模式。

9.1　直接在大学科技园设立企业

改革开放的前 20 年，跨国公司与大学的科研合作，主要是采用跨国公司提出科研课题，由跨国公司提供研究经费，跨国公司委托大学进行合作研究，进入 20 世纪 90 年代末，跨国公司开始直接入驻大学科技园设立企业并进行研发。目前，许多大学科技园有跨国公司直接设立的企业。

从国际上科技园的发展规律来看，世界一流科技园的基本标志之一，就是园区内要有顶级的跨国公司进入。我国最早设立的一批大学科技园，经过多年的发展，也开始吸引国际上知名的跨国公司入驻。比如清华科技园就已聚集了一大批世界500强的公司：P&G、SUN中国工程研究院、Schlumberger技术有限公司、斯伦贝谢公司、NEC等，主园区就有跨国公司22家。这些跨国公司拥有世界领先的核心技术，形成了各自的核心竞争力，使园区企业更具成长性、创新性。以跨国公司为龙头，园区聚集了400多家极具潜力的创新创业公司，大部分属于IT行业，几乎覆盖了今天IT行业的所有顶尖项目。

北航科技园聚集了一批有影响力的国外知名企业，包括：福建富士通公司、中德软件联合技术研究所、日本NEC等。南京理工大学国家大学科技园，已先后与美国、德国、英国、新加坡、中国香港、中国台湾等多家客商和投资机构就园区合作开发、城市环境、电动汽车、生物工程和IT产业等领域项目签订了合资、合作意向，协议利用外资1.5亿美元。福州地区国家大学科技园吸引了中华映管、LG、NEG、EPSON、三协精机等世界著名的跨国公司前来投资办厂。中国矿业大学国家大学科技园吸引了卡特彼勒、克虏伯、圣戈班、伟世通、利勃海尔、上好佳、拉姆齐、劳特斯等一大批跨国公司入驻园区。天津大学科技园吸引了飞思卡尔强芯集成电路设计有限公司、联盟计算机服务有限公司、渣打科营中心。

内陆地区的大学科技园虽然条件不如沿海地区的，但也不断地在吸引跨国公司的进入，地处中部地区的武汉大学科技园汇集了一批跨国公司，如在设计、测量和可视化技术全球领先的跨国公司海克斯康，2005 年就在其科技园投资设立了海克斯康测量系统（武汉）有限公司，办公及生产大楼占地面积 2.8 万平方米。公司的经营范围为生产、销售、开发测量工程仪器、设备及相关产品和配件。现在公司正加大研发力度，引进更多的生产线，扩大生产规模。欧洲精密光学领域领先的德国柏林 Glas 公司，2006 年在园区成立了德瑞光学科技（武汉）有限公司，注册资本 225 万美金，该公司利用武汉和中国其他地区的供应商组成的现有网络，建立高精度光学装置和系统的工业生产基地。

拥有先进技术的跨国公司进入大学科技园，既为跨国公司提供了良好的生产经营环境，也为园区内的其他企业增进了广泛的国际化交流和创新合作机会。

【案例 5】

复旦大学国家大学科技园慧国（上海）软件科技有限公司

慧国（上海）软件科技有限公司是跨国公司 Silicon Motion Technology Corporation（简称 SMTC）2004 年 12 月在上海复旦科技园设立的外商独资企业，以开发、设计、研制软件产品和软件系统集成产品为主，并为 SMTC 的其他研发中心和销售点提供相关的技术支持和技术服务为一体的软件科技型企业。

慧国（上海）软件科技有限公司的母公司拥有雄厚的技术实力，Silicon Motion 是全球闪存主控芯片及射频芯片的先驱，在该领域保持领先地位,产品广泛应用于多款最流行的智能型手机及其他移动装置。闪存主控芯片兼容性堪称业界第一，支持三星、新帝、东芝、美光、英特尔及海力士等大厂最新版本的闪存，SMTC 作为市场上 SD/MMC 控制芯片与 USB2.0 闪存控制芯片的主要供货商，在美国硅谷、日本、中国台湾地区和中国大陆都设有研发中心。Silicon Motion 拥有三大产品线：移动存储、移动通信及多媒体系统单芯片。

慧国科技在复旦科技园成立后迅速发展，在业界十分活跃，获得产品质量认证体系 ISO9001：2000 的认证，经上海市外经委审核成为国家鼓励型科技企业和国家信息委认可的双软企业，并被上海市多次命名为高新技术企业，成为上海知名的软件企业。

（注：根据复旦大学国家大学科技园网站相关资料整理）

点评：慧国（上海）软件科技有限公司在复旦科技园成功设立和发展，验证了大学科技园适合跨国公司的成长。

大学科技园完备的科技创新环境对跨国公司产生了极大的吸引力,跨国公司更乐于将那些从事高新技术研发生产的企业(比如软件、创意等高科技领域）进入大学科技园，跨国公司在大学科技园设立的企业可以充分利用大学科技园提供的良好的科技创新环境(技术支持、配套企业、优秀人才、高效管理）进行技术创新活动。一般情况下，跨国公司设在大学科技园的企业都是小而精的微型企业，但很明显，其成长速度快于设在其他地区的企业。

吸引跨国公司生产企业进入大学科技园往往是跨国公司研发中心进入的前奏，如果生产企业能够顺利发展，则需要更多的技术支持，显然大学科技园良好的科技创新环境所提供的基本保障，能够使跨国公司研发中心感觉有必要并放心地进入。

9.2　与大学科技园企业组成联盟

跨国公司进入大学科技园后，加强了与大学科技园本土企业的合作，组成了各种形式的企业联盟。这种联盟在领域上主要为相同产业，便于技术上相互学习和合作；在地域上集中在同一地区，便于交流协作；在组织形式上为松散型，彼此不用投资设立实体，便于组织操作；合作的内容包括技术协作、技术支持、交流技术信息等。

这种企业联盟，看上去并不是很紧密，组织形式也不规范，各个企业间的独立性很强，但却适合了我国的科技创新环境。一方面，跨国公司既不失去其在研发中的主体地位，又能充分利用联盟的平台扩大其科技创新的影响力，与众多的企业建立广泛的合作关系，产生集群效应。另一方面，大学科技园可以通过联盟与跨国公司形成研发共同体，最大限度发挥自身的区位、产业、人才优势。引入知名国际企业扩大科技园的影响力，吸引跨国公司研发中心的进入。

【案例 6】

北京航空航天大学国家大学科技园与跨国公司组成联盟

北航科技园是以软件产业和软件出口为特色的大学科技园，2004 年 7 月，北航科技园被国家发展和改革委员会批准成为“北京国家软件出口基地”。北航科技园聚集了一批有影响力的国内外知名企业，包括：金山软件公司、用友软件公司、中星微电子公司、福建富士通公司、中德软件联合技术研究所、日本 NEC、北京日立北工大信息系统有限公司、北京日立华胜信息系统有限公司、日立信息系统（上海）有限公司北京分公司、北京英福美软件有限公司、海辉软件、文思创新软件技术有限公司等。

所有入驻北航科技园的软件企业由北航科技园统一组建成立软件企业联盟，软件企业联盟所需的大量优秀软件开发人员，由北航科技园的人才输送服务中心即“北京软件出口中心”统一筛选培养输送相关软件开发人员。北京软件出口中心依托北航科技园、北京国家软件出口基地、中国火炬 IT 创新服务联盟，面向软件与信息服务业领域提供培养、输送、交流各类软件人才的专项服务。

北京软件出口中心发展有限公司成立于 2003 年 4 月。公司由北京市政府有关部门特别批准、北航科技园牵头组建，作为北京国家软件出口基地的建设、运营、管理的服务机构。北京软件出口中心作为国家软件出口基地，在面向软件与信息服务业企业搭建发展平台，提供人力资源供给、国际交流与合作、产业咨询等服务的同时，受北航科技园委托，以丰富的园区开发管理经验和众多的企业资源与地方政府展开合作，通过异地产业园区建设，形成产业聚集效应，为异地区域经济发展提供助力。

北京软件出口中心依托北航科技园长期服务于科技企业的丰富经验和完善的服务体系，建立了从事科技园区规划、建设、招商的专业化团队，构筑完善的服务体系，建设一流的发展环境，促进软件与信息服务产业的发展。

北京软件出口中心以国家软件出口基地（北航科技园）为本部，同时整合多方资源，在西安、石家庄、郑州、洛阳、常熟等地建有分园区或产业化基地。中心成为北京航空航天大学科技成果转化及产学研合作的一个窗口。

火炬 IT 服务创新联盟。在科技部火炬中心的引导和支持下，北航国家大学科技园作为发起单位之一，与用友软件工程有限公司等 18 家 IT 服务企业和机构共同倡议发起的火炬 IT 服务创新联盟。火炬 IT 服务创新联盟的成立，是产学研用等单位构建新型产业组织的具体实践，根据北航软件及航空航天等优势学科，北航科技园已逐渐发展成为以信息产业和军转民等技术领域为特色的国家大学科技园。

软件企业联盟发挥了很好的作用，园区集中了软件专业人才、软件企业、对日本出口企业、软件产值和出口额增长速度较快，达到一定规模，不仅成为北京市和中关村地区最重要的软件产业基地之一，也成为国内唯一以软件和出口为特色的专业国家大学科技园。

北航科技园为了建立面向全市的软件出口专业化服务体系，发挥企业聚集效应，形成软件出口规模优势，积极促进北京软件产业的国际化，承担了国家火炬计划重点项目——北航科技园软件出口国际交流与人才培训技术支撑平台的建设。该平台将充分利用北京软件出口中心等专业服务机构的优势，重点解决企业共性需求的满足、服务内容的提供、平台资源的建设和可持续服务运营管理机制的建立，真正帮助软件企业解决专业化发展问题，使企业充分利用公共资源，发挥自身专长，致力于核心业务发展，降低成本，提高核心竞争力。

截至2012年，北航科技园入驻企业有238家，业务领域涉及电子信息、空航天、光机电一体化、生物医药、能源环保、科技中介、金融投资、商业贸易等，其中：在孵企业145家，高新技术企业43家；园区总收入超过70亿，接收高校毕业生1220人。成功转移转化北航各类科技成果40多项，实现了园区孵化与学校科技成果转化功能的顺利对接。

2013年，工业和信息化部软件与集成电路促进中心CSIP与北航科技园共建的国家软件与集成电路公共服务平台——北航科技园物联网技术创新中心。创新中心旨在以北航科技园为核心，辐射整个中关村地区及周边相关物联网企业，为企业提供优质的技术创新、产品推广和人才培养等服务，促进物联网相关科技成果转化、高新技术企业孵化、创新创业人才。

北航国家大学科技园物联网技术创新中心是物联网产业集群的公共服务支撑平台，通过政府、高校和企业三方共融的载体组建物联网技术创新中心作为运营平台主体，承担物联网人才培养和企业公共服务平台建设职能。

通过本项目实施，重点支持相关机构建立面向产业和应用的人才培养服务和共性技术公共服务平台，为物联网产业发展提供人才培养、测试与评估、解决方案及产品研发、试点示范、应用推广等公共服务，减少重复投入，实现资源有效、合理配置与共享，带动区域经济发展，促进物联网快速发展和应用推广。北航科技园物联网技术创新中心融合技术创新、智慧城市的领域研究，通过行业应用促进物联网产业的发展。

北航科技园物联网技术创新中心依托北航的优势教学、科研和师资等资源，与高校、企业和科研院所展开紧密合作共同推动物联网产业的发展。与创新中心开展合作的有众多知名的跨国公司如：艾默生、意法半导体、西门子、英特尔、索尼、诺基亚、三星、飞利浦、NEC、摩托罗拉、松下、ABB、LG等。

（注：根据北京航空航天大学国家大学科技园网站相关资料整理）

点评：北航科技园通过联盟的形式与跨国公司展开创新合作。

软件企业通常产业聚集度比较高，企业间相互交流协作比较多，对人才的需求比较集中，需要同类的公共平台为其服务，北航科技园根据软件企业的这些特点组建企业联盟，搭建软件出口中心，通过火炬IT服务创新联盟提供人才技术等服务，对软件企业特别是跨国公司产生了极大的吸引力。

北航科技园这种企业联盟的合作形式不断提升和创新，物联网技术创新中心的建立抓住了最前沿的科技创新课题，也是跨国公司在华最关注的领域，通过政产学研合作的形式进行合作，特别是将众多的知名跨国公司作为技术合作方，十分有助于在这一领域展开深入的技术创新合作。

这种企业联盟最大限度地发挥了跨国公司在集群科技创新中的影响力和带动效应，有利于跨国公司的技术溢出，符合科技创新的规律，避免了跨国公司仅仅是在大学科技园设立一个高科技企业，自己依旧内部封闭搞研发。当然，跨国公司也可以充分利用大学科技园提供的创新平台，借助整体的创新环境，与其他公司展开科技合作，从而大大地降低了创新成本。

当然，这种企业联盟组织结构比较松散，如何统一各方利益，确定一致的研发课题，以及知识产权的归属等一系列问题都需要在合作中深入的探讨。

9.3 研发中心设立在大学科技园

随着经济和科技全球化的加速发展，跨国公司在我国的研发活动越来越活跃，在与大学合作研发的基础上，进一步向大学科技园延伸，大学科技园日渐成为跨国公司在华技术战略联盟的重要合作对象。目前，一些知名跨国公司开始陆续进入我国大学科技园直接设立研发中心。

跨国公司研发中心设立在大学科技园，是其全球价值链的体现，更利于开展技术创新活动，更利于新产品的开发和进入市场。同时，我国大学科技园中的创业企业通过与进入园区的跨国公司研发中心合作，直接或间接地参与跨国公司的全球生产体系和流通活动，与跨国公司形成密切的合作关系，使自己的创新能力不断提升，赢得在国际分工体系中的位置，构筑起有能力创新和适应激烈竞争的网络组织，应对技术和产品创新日趋频繁、市场竞争越来越残酷的挑战。

宝洁（P&G）、太阳微系统公司（SUN）、日电（NEC）中国有限公司、Google、微软等在清华科技园设立研发机构，清华科技园跨国公司研发企业 2009 年的研发投入就已达到 30 亿元人民币左右。使园区初步形成了国际化企业研发中心的聚集，提升了研发能力，实现了与国际全面接轨。大连理工大学—七贤岭国家大学科技园，各类研发机构 79 家。深圳虚拟大学园与香港城市大学 6 所大学签署了入园协议，这 6 家大学将以 18 家国家重点实验室做牵引，联合 22 个大规模、高水平、产业化的项目，建成产学研集群和产业化基地。深圳虚拟大学园整合成员院校的研发资源，建立国家重点实验室（工程中心）平台，共有院校的 78 家国家重点实验室和工程中心成为“深圳虚拟大学园重点实验室平台”的首批成员单位。目前，有香港生产力促进局等 12 家实验室加盟，在深设立研发中心 71 家。

SonicWALL 上海研发中心于 2006 年设立在复旦科技园，作为 SonicWALL 全球发展战略中的重要一环，一直致力于 SonicWALL 公司核心技术的开发，并大力推进针对中国本土市场的管理开发及相关的汉化工作，上海研发中心的开发产品不断增多，由上海研发中心完成开发的系列产品已在全球销售 10 万台。

【案例 7】

清华科技园宝洁北京技术中心

宝洁公司自 1988 年进入中国市场就设立了研发部门，起步时仅仅 20 几个人规模。经过十年的发展，1998 年 4 月 15 日迁至北京清华科技园同方大厦正式成立北京宝洁技术有限公司，注册资本为 1000 万美元，投资总额为 2000 万美元，建筑面积约为 3000 平方米，包括办公室、实验室和多功能的试验厂。当时北京宝洁技术有限公司有大约 200 名员工，包括来自美国、英国、菲律宾、印尼等国家的专家，其中具备国外博士学位者 20 多人，硕士学位者 70 多人。

北京宝洁技术有限公司主要负责日用消费品的研究与开发，研发的内容既有面向本地市场的应用现有技术或改进型产品，还有面向全球开发的全新技术，北京宝洁技术有限公司在成立时确定未来十年的目标是，将其发展成为世界一流技术中心，以支持公司在中国、亚洲及全球多个不同品类方面的业务。

北京宝洁技术有限公司及其工艺研发中心有产品配方部、产品研发部、工艺设计部、包装及器具设计部、技术开发部、分析部、消费者行为研究部、质量保证部。

北京宝洁技术有限公司和其中的工艺研发中心，作为宝洁公司在全球战略性研发场所之一迅速发展，并和著名的大学及主要的政府部门保持紧密的联系。

宝洁中国成功实现了跨国公司研发中心的组织结构的调整：从三十多年前的“中心模式”向“跨国模式”转移，不仅是中心区域的研发成果全球享用，而且更多地从本地需求出发来确定研发的重点。这种模式既立足于服务中国市场，按当地需求进行科技创新，又着眼全球市场，将更多的创新成果从中国推广到世界各地。

北京技术中心不仅是宝洁全球现有产品和技术落地到中国的试

验站，同时也在此开发全新的产品，并把获得好评的产品和技术推广至宝洁的全球市场。目前，北京技术中心约有 30%的时间花在宝洁国外产品引入中国的测试上，余下 70%的时间全部投入到了新产品的开发上。

北京技术中心发展成宝洁全球最好的研发中心，配备了最先进的实验仪器和设备。它不仅进行商业性研发，还进行不以直接商业应用为目的的基础性研发。宝洁北京技术中心每年投资 6000~7000 万美元。这些资金被广泛应用于市场调查、先进的原材料与配方以及反复的实验中。

到 2010 年北京宝洁技术有限公司注册资本达 7000 万美元，投资总额达 8000 万美元，拥有来自 16 个国家 500 多名员工，是目前宝洁全球 28 个研发中心里唯一座落于中国的技术中心。北京宝洁技术有限公司已经获得了北京市“高新技术企业”和“驻京研究机构”的认证。

（注：根据宝洁公司网站相关资料整理）

点评：宝洁北京技术中心在清华科技园的成功发展，展示了大学科技园与跨国公司研发合作的美好前景。

宝洁北京技术中心的研发定位不但支持进入中国市场，同时为全球的市场提供研发服务，既有应用技术也有基础研发，是宝洁全球研发的体系中有机的组成部分，中国优秀而又低成本的研发人员的加盟，又使之迅速成为跨国公司最好的研发中心之一。

清华科技园也为宝洁北京技术中心的发展提供了良好的外部条件。清华科技园身处中关村，是中国教育科技最发达的地区，也是全国大学科技园发展最快最好的园区。清华科技园在经营环境，技术平台服务、人才提供等方面为宝洁北京技术中心提供了优质的创新环境。

宝洁北京技术中心作为独资的研发企业，其研发活动还是相对封闭的，大学科技园如何更多地与跨国公司独资的研发中心开展研发合作，形成更大的技术溢出效应还是需要深入研究的。

9.4　与大学科技园共创服务体系

跨国公司与大学科技园通过整合大学、政府、社会等资源，建立各类服务平台，形成产学研合作互动平台。大学科技园充分发挥桥梁和纽带作用，积极促进产学研密切合作。园区内各跨国公司和创业企业与大学院系建立分析测试平台、通过开展实习生计划、培训基地等活动，促进园区企业与大学生的交流，实现了企业使用人才和大学培养人才的双赢。引进社会资源综合服务平台。解决高级管理人才和高级技术人才落户问题，引进知识产权机构、资产评估机构、知名律师事务所和各类信息服务机构，为园区企业提供相应服务，推动园区企业交流合作。大学科技园举办 CEO 交流会、创新成果展等活动，通过建设企业信息服务平台，使园区企业、研发机构相互融合，互动支持。

9.5　跨国公司集群与大学科技园合作

我国经济发展产业布局的明显特征是在沿海经济发达地区形成了一批高新技术产业园区和经济技术开发区，比如北京的中关村地区、上海的张江科技创新示范园区、苏州工业园区等等，这些地区聚集了众多的高新技术企业，也是在华投资跨国公司的主要聚集地。跨国公司不但在这里建立大批的生产企业，而且将其研发中心云集这里，从而形成了生产研发的大规模产业集群。与此同时，我国的大学科技园也对这里情有独钟，纷纷在这里连片设立，形成了多达十几家的大学科技园集群。

跨国公司产业研发集群和大学科技园集群汇集在一起，产生了巨大的科技创新能力和创新需求，特别是大学科技园更加贴近生产企业，与跨国公司研发中心有了更深入的接触和合作机会。这里服务体系完善、高效，对企业及技术创新而言，是非常便捷和安全的。

【案例 8】

上海张江大学科技园与跨国公司集群

在上海浦东新区张江高新区现已形成了高校及技术园区、大学科技园、跨国公司集群的科技创新集聚区，这个区可以分大张江和张江高新区杨浦分园。

杨浦：杨浦大学科技园与跨国公司集群

杨浦位于上海市区的东北部，总面积 60.61 平方公里，常住人口 124 万，是上海最大的中心城区和科教区。

杨浦区域内聚集了复旦大学、同济大学、第二军医大学、上海财经大学、上海理工大学、上海体育学院等 10 多所高校，有 66 个国家级重点学科、22 个国家级重点实验室和 100 多家科研院所。有两院院士50名，大学教师9000多名，在校大学生13万，博士、硕士研究生2.3万。高智力人群集聚，科教人才资源极其丰富。以科教为特色、服务经济为核心的新型产业体系基本形成，初步实现由“传统工业杨浦”向“知识创新杨浦”的转变。

杨浦区域内现已有复旦大学国家大学科技园、同济大学国家大学科技园、上海理工大学国家大学科技园3个国家级大学科技园和电力、财经、水产等9个专业化大学科技园，建成了上海中心城区最大的国家级科技企业孵化基地。目前，近3000家头脑型、创新型中小科技企业集聚大学周边，成为科技“巨人”的成长摇篮和孵化基地，涌现了一大批成长快、前景好的科技骨干企业。如复旦光华、复旦微电子、同济芯豪、邮电设计院、市政设计院、大亚科技等，电子与信息、现代设计已经成为园区支柱产业的两大主体，新材料、光机电一体化、环保和资源综合利用等具有发展潜力的产业也在快速发展。

近年来，世界500强企业德国西门子、德国大陆集团、法国欧尚、英国百安居、德国汉高及著名跨国公司加拿大COTT集团、美国汉斯、香港华润集团等先后落户杨浦。以波司登为代表的一批长三角企业，已经把地区总部、研发中心放在杨浦。2007年，杨浦还与硅谷所在的旧金山湾区建立全面合作关系。2亿美元的盛维资本中美投资基金已经落户杨浦，湾区众多的信息、环保、生物等科技企业也将陆续入驻杨浦。同时，经过几年的发展，杨浦的风险投资产业集聚也已经初现规模，集聚了美国硅谷银行等一批国内外知名风投企业和中介服务企业，储备了相当数量的投资项目。风投基金基本涵盖了投资的各个阶段，初步形成了天使投资、风险投资到产业投资的完整资金链。

构筑以科教为特色、以服务经济为核心的新型产业体系。优先发展创意设计、研发与技术服务、教育服务和科教商务等知识型生产性现代服务业，优先发展电子信息、光机电一体化、新材料、环保等高新技术产业；调整提升现代纺织、烟草、通用设备制造、出版印刷等都市型产业，稳步提升商贸、旅游、房地产等基础性服务业。

在杨浦，已建立了上海知识产权园、上海教育服务园、上海创业者实训基地、上海股权托管中心、上海中小企业研发外包服务中心、大学技术转移中心、杨浦人才广场等公共服务平台体系，形成了良好的创新创业氛围和环境。在创智天地周边，已经集聚了科技孵化基地、风险投资服务园、大学生创业基金会等一批创新资源和各类中介服务机构，吸引了甲骨文、EMC、易保、百度等世界科技巨子的入驻，初步形成了从初创、成长到产业化等不同发展阶段的“接力式”创新服务体系。

大张江：上海张江高新技术产业开发区、大学科技园与跨国公司聚集地

上海张江高新技术产业开发区总面积约 470.75 平方公里，包括十八个分园，目前，张江高新技术产业开发区已形成生物医药、电子信息、文化创意、航空航天、先进装备制造、汽车及零部件等七大战略性新兴产业集群和文化科技融合产业集群。

上海张江高新技术产业开发区共有 43 所高等学校、50 多家国家科研院所、34 个国家重点（工程）实验室、31 个国家工程（技术）研

究中心，已成为海内外高层次创新创业人才的主要汇聚地，包括159名院士、380名国家“千人计划”人才、2万多名归国海外留学人才、20多万名科技人员以及60多万名在校大学生和研究生汇聚在这里。

张江高新技术产业开发区是我国大学科技园最集中的高新技术开发区之一，共有复旦大学国家大学科技园、上海大学科技园区、上海交通大学国家大学科技园创智天地园区、同济大学国家大学科技园、上海海洋科技园、上海知识产权园、上海教育服务园、上海理工大学国家大学科技园、上海财经大学国家大学科技园、上海电力学院国家大学科技园、上海体育学院国家大学科技园等16家国家大学科技园。

到2013年年底，企业总数近5万家，其中科技型企业3万余家、集聚了300多家世界500强企业、300多家跨国公司研发机构。73家各类孵化器、成为吸收上海和长三角高校毕业生就业的重要基地，其规模位居全国前列。

在这里，每天至少诞生30余个创意软件，每月产出1900项有效发明专利，每年孵化毕业1000余家科技型中小企业。技工贸总收入从6800亿元增加到2.7万亿元人民币；税收从441亿元人民币增加到1986亿元人民币。研发机构1030家，园区内企业授权发明专利数达到2.4万件，有效发明专利占上海市2/3以上。参与制定国际标准749项，参与制定或承担修订国家和行业标准531项；累计申请知识产权得到公开和授权的10万余件。

培育了一批创新型产业集群。张江高新技术产业开发区是综合性国家高技术产业基地和国家微电子产业、软件产业（出口）、生物产业基地，也是高端装备、民用航空等领域的国家级新型工业化示范基地。集成电路、生物医药和通讯设备研发制造等特色产业在全国居于领先地位，其中集成电路产业产值约占全国的三分之一，形成了国内最为完善、技术水平最高的集成电路设计研发和产业链；生物医药领域汇聚了覆盖新药创制各环节的机构 400 多家，形成了完整的研发和产业链。新能源装备、物联网、云计算、半导体照明、航空航天等产业快速发展，研发外包服务等高端研发产业处于国内领先地位，金融服务、文化创意、数字出版等产业也具有竞争优势。

大学校区、科技园区和公共社区实现了“三区联动、融合发展”，成为吸收上海和长三角高校毕业生就业的重要基地。一大批创业投资、股权投资机构落户张江高新技术产业开发区，“投贷联动”、“投贷保联动”、“保贷联动”等金融服务创新以及科技型中小企业履约保证保险贷款、知识产权质押贷款等金融产品创新得到较大范围的推广。

（注：根据上海张江国家自主创新示范区网站相关资料整理）

点评：位于上海张江高新技术产业开发区所形成的大学科技园区与跨国公司产业集群反映了现代科技创新的最新发展趋势。

上海复旦、交大、同济等大学科技园本身的科技创新能力就很强，在国内属上乘的大学科技园，再加上其他的 16 个大学科技园聚集在一起，就形成了学科门类比较齐全的研发集群，研发信息的交流、研发项目协同合作、研发人员的流动、研发公共平台的共享等优势都显现出来，对跨国公司也产生了极大的吸引力。

随着几百家知名跨国公司生产企业和研发机构的落户，使这一地区成为信息、生物医药等领域最先进的生产和研发区域，也是孵化企业诞生和发展最快的区域。

大学科技园与高新技术开发区内的跨国公司产业集群形成了聚集效应，进而形成了研发的集群和联动，反过来又推动了产业的发展，这既是产学研自发的聚集，也是反映了当代科技创新产学研合作的内在需求，符合科技创新的规律，也显示了极大的生命力。这也就是为什么张江高新技术产业开发区成为我国最具活力经济各项指标领先的高新技术创新区。

大学科技园与跨国公司形成的研发密集积聚区，有巨大的科技创新能力和科技竞争力，形成了科技创新的乘数效应，为大学科技园与跨国公司研发合作提供了新的契机和研究的课题，有很好的发展前景。

9.6 与大学科技园合作孵化企业

大学科技园不同于其他类型的科技企业孵化器，其最大区别在于依托大学。科技园作为提供专业化服务的新型创业服务机构，紧紧依托大学，充分利用大学的科技和人才等资源优势，为创新企业提供完备的孵化场地、通信网络等设备齐全的良好硬件环境，聚集创新思想、产品、技术等创业要素和行业资源，有效地发挥孵化功能，技术转移的功能，培育企业家的功能。

大学科技园同跨国公司的雄厚资本、先进技术、强有力的科技创新能力相结合，也极大地增强了大学科技园的孵化功能。不仅创办了一大批科技孵化企业，而且，成功地转化了大学的科研成果。

【案例9】

清华科技园中美跨境发展孵化器——创源（InnoSpring）

2012年1月，清华科技园、瑞安集团、北极光创投和硅谷银行在美国硅谷联合创建了中美跨境发展孵化器——创源。创源是清华科技园的硅谷分园，也是首家硅谷中美技术型孵化器，创源的总孵化面积1350平方米，可容纳大概40家创业公司。

创源孵化器的功能是：孵化科技型中小企业，为中美两国企业和创业者跨境发展提供软着陆平台，帮助在孵企业与中国内地相关机构合作，帮助美国硅谷的企业拓展中国市场。同时，围绕着融资渠道、创业导师、硬件设施和综合服务四个方面为企业提供孵化服务。

除了跨境的国际化特征外，创源的运作模式还具有独特性。创源提倡先引入再投资，即欢迎一些尚未推出产品的创业团队进驻，并给它们提供场地、数据中心、创业指导以及人力资源，等待其逐步发展后再决定是否投资。而在这个阶段，创源仅对创业团队收取场地和设施的成本费用。在投资方面，创源还将继承清华科技园孵化器的孵化传统，推行"孵化+投资"的模式，即选择市场发展前景好、技术领先、处于产业链高端的早期项目予以投资和孵化，并将孵化服务、资金与房租组合作为股权向企业进行投资。

美国硅谷是一个创新要素丰富、创新资源汇集的地方，在硅谷建设孵化器，有利于中国技术创新型企业的快速发展。清华在硅谷组建清华科技园硅谷分园，就是要搭建一个国内大学和企业与美国创新创业者相互学习借鉴的平台。

在创源，国内创业企业可以看到硅谷的商业规划，而在硅谷的创业企业也可以看到中国园区的运行模式。硅谷科技园作为开放窗口，让美国企业了解中国情况、技术和文化，可以为计划到中国发展的美国创业企业创造一个预备期。硅谷科技园做为中国海外投资的平台，为一些美国企业和一些中国资本搭建平台，也可以作为国内企业发展的一个国际技术合作和交流的源头。

服务于创源的 60 多位企业服务导师来自多个科技领域，具有多年丰富企业管理、运营和创业经验，定期面对面地答疑解惑，一对一地专业指导和参谋，举办创业专题讨论会、创业投资人见面会，与其他科技型创业公司在竞争中成长。创源种子基金的资金来源于投资界领先者，包括凯鹏华盈（KPCB）、北极光创投、金沙江创投、中国宽带产业基金以及清华企业家协会（TEEC）天使基金。每年精选不超过 15 家初创公司。

已经入驻创源的创业团队有 Accusilicon（半导体领域）、Dewmobile（移动交互技术领域）、WeaverMobile（应用开发领域）等 29 个创业团队。已有 30 多家企业入驻该园。截至目前，创源已经投资了 16 家创业公司，投资总额约 200 万美元，其中 80%为美国创业公司，中国创业公司的比例也在增长中。

有些中国创业公司在创源得到了迅速成长。比如中国用户量第一的天气社交应用平台——墨迹天气，2013 年 5 月，墨迹天气的硅谷分部入驻创源孵化器。该分部主要负责国际版应用开发，数据采集和海外用户支持。在短短半年内，墨迹天气完成了墨迹天气国际版的设计、开发以及上线，正式出版了 iOS 系统和 Windows 系统两个版本，安卓版本即将上线。创源不仅为墨迹天气提供了一个优质的办公环境，帮助建设本土团队，还全面开放创源在硅谷当地拥有的丰富的导师资源和关系网络，增进同行之间的技术交流互通和经验互补，加快中国企业适应美国市场的步伐，缩短向国际化转变的演进。

（注:根据清华大学国家大学科技园网站相关资料整理）

点评：清华科技园在硅谷设立创源，看是不大的投资，但在我国大学科技园的发展进程中，却是迈出了至关重要的一大步，具有重要的战略意义。

首先，符合国际研发合作的发展潮流。在经济全球化的背景下，研发活动也越来越需要国际合作，我国大学科技园在整体发展水平、科技创新能力与西方发达国家的科技园区相比还有很大的差距，大学科技园能够走出国门，到国际研发的最前沿，可以及时把握和跟进当今世界最先进的技术，我国大学科技园的研发人员能有更多的机会与国外的专家学者进行合作交流，其意义不言自明。

其次，大学科技园的重要功能是孵化企业。硅谷是全球孵化企业的成功典范，诞生了众多的高科技知名企业，积累了孵化高科技企业的宝贵经验，清华科技园在当今世界最先进的科技园区孵化企业，既可以近距离了解学习孵化高科技企业的成功经验，也可以帮助我国的创新企业高水平、高起点起步，一开始就进入国际创新行列。

最后，硅谷是大学科技园的发源地，经过长达半个多世纪的运行，积累了成功管理大学科技园的宝贵经验，清华科技园在发达国家的科技园区组织开展创新活动，能学习和了解国外科技园区如何管理园区、服务企业、组织创新，有利于提升我国大学科技园的管理能力。

此外，今后可以考虑在合作的内容上不仅仅局限于孵化中国企业，应逐渐扩展到与跨国公司等高科技国际企业进行研发项目合作、技术信息交流、人员培训等科技创新活动。

北京大学科技园在国际化合作方面也有类似的做法。2012 年 10 月中关村瀚海硅谷科技园与北大科技园的共同合作在美国硅谷建立了北大硅谷科技园、北大北美校友创业基地，并以此作为北大科技园国际化招商引智的窗口，成为北大科技园内企业进入国际市场、建设国际化孵化网络、直接与美国企业合作的一个国际平台，成为海外优秀人才的创新创业、优秀企业的创新以及尖端科技的交流进步的平台。同时，推动越来越多的海内外创新创业资源在北大科技园平台上聚集、优化、放大，合作，使北大科技园成为产学研示范基地。

9.7 与大学科技园联合培养人才

大学科技园既是企业科技创新的基地，也是人才培养的基地，在大学科技园里科技人才成长最快。跨国公司则在大学科技园里直接利用优秀的科技人才，并通过在大学科技园的投资研发活动培养了一大批科技创新人才。大学科技园积极开展创业教育，为学生实习和创业提供支持，取得可喜成绩。清华大学和中关村科技园区管委会共同建立清华科技园留学人员创业园。该创业园依托清华的人才和技术，充分地整合学校的资源，创建专业技术孵化器，为企业提供更加专业化的服务，充分发挥了大学孵化器的优势。作为清华科技园孵化器集群的重要组成部分，清华留学人员创业园日益成为清华科技园国际化战略实施的重要阵地，成为国内外高新技术和科技人才交流的重要渠道，成为吸引国外资金、企业与技术的有效途径。北京航空航天大学“日文软件工程”专业的产生，就是大学科技园引进国际企业日电卓越促成的，该专业的毕业生可以直接送到日本实习，就业前景非常好。

在创业教育方面，浙大科技园与学校研究生院共同创办“浙江大学未来企业家俱乐部”和“浙江大学研究生创业素质拓展班”，吸引学校优秀研究生加盟，邀请科技园内外的创业者、专家和企业家对其进行企业管理、市场营销、知识产权等各种知识和技能的培训，提供实习、实践机会。目前已有 300 多人陆续走上工作岗位或到科技园自主创业。

云南留学人员创业园对留学回国人员在自主研发、成果转化和产业化实施方面予以扶持。云南留学人员创业园现已建成并全部投入使用的孵化场地有 4.8 万平方米。目前共有留学美、英、法、日等国留学人员创办的企业 52 家，已通过认定的高新技术企业 6 家，引进海外留学人员 100 余人。①

---

① 中国科技网 http://www.z-park.net/show_b.asp?id=276.

9.8　与大学科技园联合承担开发项目

在大学科技园区企业寻求国际合作的过程中，国内高新技术企业与跨国公司共同承担开发项目成为技术创新的一种新形式。微软、法国电信、甲骨文、IBM、AMD 等 40 多家全球 500 强企业和知名跨国公司在中关村科技园内设立总部型分支机构，外资研发机构总数 260 个（有的就设在大学科技园），主要来自于美国、日本、欧洲等发达国家和地区，研发项目集中于信息、医药等高新技术领域，主要从事科技前沿技术的研究和开发。跨国公司研发规模大、水平高、成果显著，一些研发中心所开发的技术已经达到全球同行业中的先进水平。

中关村企业主导和参与创制了第三代移动通信 TD-SCDMA、宽带无线接入 McWill、闪联等 86 项重要国际标准和 800 余项国家标准。与美国硅谷、英国剑桥、韩国大德、日本关西学研都市、法国索菲亚、台湾新竹、加拿大渥太华创新中心等科技园区和科研机构加强合作力度，建立长期战略合作关系。中关村科技园区企业与境外机构合作研究项目不断增加，这些研发项目许多是在大学科技园完成的。

在联合科研方面，IBM 与教育部和大学以共建智慧地球、高性能计算、云计算、多核计算等作为重点合作方向，将合作项目的重点集中在联合研究实验室，并逐渐向大学科技园延伸。

【案例10】

苏州大学与法国爱迪特集团合作共建国际科研合作平台

2012年，“苏州大学—法国爱迪特测控技术国际联合实验室”在苏州大学举行签约仪式。法国爱迪特集团是国际知名的在线检测及控制系统的全球生产供应商，在激光、微波和红外技术领域占据欧洲70%的市场份额，是欧洲高新技术的领军企业。

此次，该企业与苏州大学共建的联合实验室将建在苏州大学国家大学科技园内，一期投入建设资金约300万人民币，租赁场地面积约400平方米，预建立一套气固流量检测试验平台及红外在线检测调节系统。实验室将首先围绕节能减排和食品安全进行研发，将在热电行业建成喷煤在线监测控制专家系统。同时，实验室还将重点研发红外在线检测技术，对食品添加剂（如三聚氰胺等）实现实时在线监控，检测非法食品添加剂。

苏州大学积极筹建国际联合实验室集聚区。苏州大学国际联合实验室集聚区将整合苏州大学的学科和人才优势，鼓励学校研发机构、科研人员与国际著名企业和世界一流科研机构建立稳定的政产学研合作关系，努力建成国际高水平科技合作的重要基地和凝聚国际优秀人才的高地，在此基础上建立国际技术转移的平台，推动苏州政产学研的国际化发展。通过与国际知名企业的技术交流合作，产生一批具有国际先进水平的可孵化科技成果。

（注：科学网相关资料整理）

点评：苏州大学与法国爱迪特集团合作共建国际科研合作平台表明，跨国公司与大学在大学科技园内联合研发有很好的合作前景。

一是研发的选题非常好。食品安全是近年来政府、企业、消费者首要关注的问题，采用世界最先进的方法及手段对食品进行科学的检验是科技创新企业研究重点，也是中国市场急需解决的关乎民生的难题，填补了科研空白。法国爱迪特集团在这方面拥有领先的技术，具有在该领域研究的权威性，针对中国市场不断开发拓展其技术，双方有共同的需求。

二是合作研发可以最大限度地发挥苏州大学科技园在提供人才和研发辅助方面的服务。法国爱迪特集团作为国际上检测领域的知名企业，能保证研发内容的领先和权威，而苏州大学在科研力量也具备了相当的水平，优秀的研发团队和大学科技园良好的研发环境，足以保证研发活动的顺利进行。

第 10 章　合作存在的问题

我国大学科技园与跨国公司研发中心在合作过程中也存在许多问题，既有大学科技园自身的管理体制机制问题，也有大学科技园本身的发展水平的制约、政策不到位以及跨国公司本身的谨慎行事的原因等。

10.1　自身管理体制的制约

体制不顺已成为大学科技园发展的最大问题，严重制约着大学科技园的建设和发展。目前，我国大学科技园与跨国公司研发中心合作的主要障碍之一就是大学科技园自身管理体制和运行机制不够完善，不适应与跨国公司的合作要求。目前，参与大学科技园建设的有各级政府、大学和社会企业等部门单位，加上建设模式的多样性，情况比较复杂。大学科技园出现的多头管理既制约发展，又在管理中出现了诸多问题，在管理运行过程中出现校方和当地政府各自为政的局面。

地方政府考虑更多的是大学科技园如何在区域产业布局上的安排，是如何多招商引资，多搞短平快的项目，急功近利色彩较浓，缺乏对大学科技园投资周期较长的基础科学研究、科技创新的整体思考。而且，地方政府又比较强势，在投资决策上有很大的发言权。还有一些大学科技园的功能定位还不够准确，偏离孵化器的功能，有的存在一定程度的急于铺摊子、盲目追求大而全的倾向；还有部分地区出现了把大学科技园办成第二个高新区，片面追求产值的现象。

大学对科技园的管理，大都是由学校作为投资方成立资产经营公司。然后，出资成立各种类型的大学科技园有限公司，负责统筹科技园的规划、建设开发、经营和管理。大学科技园有限公司一般来讲资金比较缺乏，可运作的空间十分有限，又缺少管理实体经济的经验，投资的决策权有限，在现行行政管理体制下，投融资难以自主大胆决策，运转效率较低。

在多校一园的模式中，没有充分整合和发挥各依托大学的优势，大学与大学之间、大学院系之间、实验室之间和研究人员之间，科技资源相互封锁，开展多学科交叉研究面临多方面的困难。如确定研发项目各家都有不同的考虑，很难确定一致的利益点，科技资源不能共享、人员不能形成整体合力，科研单位、大学和产业各自最重视的是与其上级部门的纵向联系，横向联系较弱。现行的高校管理体制以及人事、劳动和财务制度，也不利于教师参与科技成果转化工作。大学科技资源不能优化配置，巨大的人才优势得不到有效发挥。

这种管理体制上的障碍使得大学科技园与跨国公司在研发中心的合作上，往往项目难以确定，合资合作更是困难。

10.2　投入机制限制

跨国公司在大学科技园设立研发中心，不是一个孤立的项目，要有大学科技园相应的配套投入，这里包括科技园的基础设施建设、相应的研发产业集群、大量高素质的研发人员，这都要大量的财政投入，但大学往往是财力不足，大学科技园建设资金紧缺。而国家对大学的资金管理限制较多，《教育部关于积极发展、规范管理高校科技产业的指导意见》（教技发〔2005〕2 号）明确规定：禁止高校向大学科技园进行投资，这在很大程度上限制了大学科技园的发展，很多大学停止向大学科技园投资，部分大学科技园的建设进度减缓，大学科技园收益主要是满足自身运营需要，很难进一步发展壮大。

大学科技园项目孵化资金严重不足，高校资金主要用于自身教学和科研，很难有多余的资金投入大学科技园的科技成果孵化，使得跨国公司研发中心进入大学科技园本身的资金投入上先天不足。①

在这方面，美国政府对大学发展科研的资金投入给我国提供了很好的借鉴，财政资助是美国政府促进高校科研发展的方式之一。2003 年，排名前 100 名的高校共拥有研发基金 400.77 亿美元，政府对高校科研的投入占这 100 所高校科研基金的 68%。②我国政府科研经费占高校科技经费总额的比重一般为 50%左右，2008 年为 57.8%。③

① 胡品平. 广东大学科技园发展现状、问题与建议. 科技管理研究，2014（4）.

② 陈涛. 中美政府对高校科技创新的支撑作用比较分析. 东北大学学报：社科版，2007（2）.

③ 陈贤平. 政府科技投入对高校科技支出影响的实证研究——基于 GMM 估计的动态面板数据分析. 科技管理研究，2012（9）.

美国政府资助大学发展科研的标志之一就是大学科技园在培育新型产业过程中发挥了重要作用。在美国大学科技园区密集的地区，大学衍生出来的高科技企业要比从外地吸引落户的企业多得多。

10.3 发展空间制约

随着科技园的不断发展，需要在政府支持下进一步拓展孵化场地面积和接产基地。目前，科技园内孵化企业越来越多，但是孵化场地面积却没有增加，很多孵化企业只好在孵化器以外办公，这使得大学科技园企业集聚的效应得不到最大程度的发挥，也不利于孵化企业享受到科技园的创新创业服务以及优惠政策，不利于孵化企业的发展，严重偏离了大学科技园的建设方向。

许多大学科技园规划用地不少，但多用于基建，搞成高新技术开发区模式，成片地建设产业园区，有的大学科技园急功近利地将开发用地作为房地产项目，在有限的土地资源条件下，直接用于孵化企业和研发用地严重不足。拿不出更多的土地来吸引跨国公司研发中心入驻，也就谈不上与跨国公司研发中心开展合作了。即使有的跨国公司研发中心已经入驻了大学科技园，也由于土地不足，发展空间有限，制约了进一步的发展。

有些发展比较好的大学科技园急需扩大孵化企业的发展空间，但由于土地产权、用地性质难以清晰等问题，造成大学科技园孵化企业数量和规模扩张受到严重阻碍。

10.4　科技成果转化率低

科技成果转化与产业化是我国大学发展的方向。在目前特定的历史条件下，部分企业缺乏技术创新的能力，而大学具有发展科技产业巨大的潜力、空间和机遇，并通过成果转化与产业化获得社会更多的支持。大多数大学科技园的成果转化做得并不是很好。截至 2010 年 11 月，经过认定的国家大学科技园有 86 家，国家大学科技园共入驻研发机构 1235 家，批准发明专利 1185 项，转化省级以上科技成果 2306 项，在孵企业 6583 家，总收入 499.98 亿元。[①]

大学科技园成果转化率还是比较低，这和我国大学整体的科研管理体制有关。长期以来，产学研严重脱节，重研究轻应用，科技成果中试阶段的投资有限，限制了技术产品化。大学科技成果转化机制不健全，大学对教师的考核评价很少涉及科技成果产业化，忽略科技成果的后期产业化运作，教师成果转化，申报程序复杂，审批时间较长，贻误了科研成果转化的最佳时间。目前我国高校科技成果转化率仅为 25%，真正实现产业化的不足 5%，这和发达国家的科技成果转化率高达 80%相比存在很大的差距。[②]

10.5　获得国家科研项目有限

部分地方管理部门和大学对国家大学科技园在国家创新体系中

---

① 王耀华，赵志燕. 国家大学科技园建设中的 BOT 模式研究. 福州大学学报（哲学社会科学版），2011（3）.

② 王琳，王新媛. 加快我国高校科技成果转化的对策分析. 产业与科技论坛，2013（12）.

的地位及作用认识不足，很少将国家科研项目放在大学科技园进行开发，也没有关注到与跨国公司的研发合作，致使大学科技园的产学研优势得不到充分的发挥。

虽然国家自然科学基金已经成为很多高校、研究所基础研究经费的主要来源，但每年获得资助的单位也就 1000 多家，30000 多个项目资助经费仅 200.7 亿元。平均每一项目才几十万元。项目分摊到各个大学本身就很少，大学科技园就更不容易获得国家的科研项目，这样，在与跨国公司研发中心合作时，缺少自主研发的主动性，往往是被动地配合跨国公司的研发活动，做的是打下手的辅助研发工作。

以 2012 年为例：2012 财年美国高校的研发总经费为 658 亿美元，而我国大学的当年研发总经费为 780.6 亿元人民币。此外，2010 年，全国研发人员的人均经费只有不到发达国家的 1/5。发达国家的政府把大部分资金（50%及以上）投给了高校。多数发达国家研发人员的年人均研发经费基本稳定在 10～20 万美元之间，2010 年，我国研发人员的人均经费支出的平均值仅为 4 万美元。①

10.6　缺少规划和扶植政策

跨国公司进入中国研发技术创新都是有明确的规划和目标的，与其全球战略和进入中国市场息息相关。研究什么项目，投入多少资金都有非常详尽的计划，而且经过充分的论证。反观我国大学科技园的

① 马佰莲. 制约科技创新的关键是管理制度的变革——近十年中国高校和科研机构科技创新能力的比较. 学术争鸣与批评，2013（1）.

研发活动，长期以来，大学科技园没有与跨国公司进行研发合作的统一的战略规划，更没有针对各跨国公司研发特点和各个大学科技园的优势如何与跨国公司进行研发合作的具体部署，大学科技园基本上是各自为战。

大学科技园缺乏适合自身的政策优势，国家对大学科技园与跨国公司研发合作尚没有在投融资、基本建设、工商管理、人才激励等方面明确统一的扶持和激励政策，地方政府和依托大学制定的相关政策也还需进一步落实。

10.7　合作研发力度不够

跨国公司研发机构与大学科技园的合作还处于初期阶段，整体发展水平、合作环境等方面还十分有限。我国一些大学科技园与跨国公司的研发机构还没有开展实质性合作，跨国公司的研发中心也没有真正进入大学科技园。

大学科技园主要的研发合作伙伴还是局限在内资企业和一些科研单位，比如依托（教育部）直属大学建设的 53 个国家工程研究中心，其合作单位基本上没有跨国公司的研发机构。

已进入大学科技园的跨国公司研发中心主要是采取独资的形式，独立封闭地搞研发，基本上属跨国公司内部的研发活动。所以，技术溢出效应没有得到发挥。

10.8 合作研发资金缺乏

大学科技园承担着技术创新、企业孵化、成果转化、人才培养和产业辐射的功能，这些大多是社会公共职能，是公益性的，需要投入大量的资金和服务。资金一直是大学科技园发展的瓶颈，园区建设资金和企业或项目孵化资金都相对不足。银行的贷款对象主要是风险小的成熟企业，大学科技园的在孵企业科技成果尚未成熟，风险较高，获得银行贷款非常难。大学科技园来自于政府的资助主要用于大学科技园公用设施的建设且资金投入十分有限，使用起来限制较多。

国家虽然设立了大学科技园发展专项经费，但是数额很少，科技园得到专项资金很少，相对于企业孵化需求的资金来说，无异于杯水车薪。由于园区创业企业规模较小，新技术、新产品开发有许多不确定性，金融机构投入较为谨慎，多数大学科技园融资渠道不畅、资金缺口较大，这始终困扰着孵化项目的转化和企业的成长，从而制约了大学科技园的发展。风险投资资金对于高科技项目的孵化和中小企业的发展壮大具有至关重要的作用，但大学科技园建设和运营的风险投资及退出机制尚不健全。

10.9 知识产权保护问题

大学科技园得不到研发技术成果的产权。目前，跨国公司与大学科技园在研发合作上，大学科技园还是处于一种被动的合作，缺少主动提出的项目研究，研究的项目选题基本由跨国公司来定。大学科技园不能根据自己的需要确定科研项目。所以，从整体上说，大学科技园在与跨国公司研发机构的合作中是处于一种被动的地位。技术成果产权仍归跨国公司所有，使用权也归跨国公司，而且跨国公司多是将某一项技术的部分研究交由大学科技园来做，大学科技园并不知道技术的最终成果。

10.10　管理队伍建设需要加强

目前，大学科技园普遍存在管理人员少，尤其是科研管理、金融服务、法律事务等专门人才缺乏，这与科技园的发展不适应、不匹配，这种局面亟待改变。另外，科技园自身发展研究有待加强，国家应立项开展专题研究：国内外现代科技园发展动态，国际科技园区、高新技术产业园区发展追踪等，这些研究成果对我国科技园的发展都有借鉴意义，值得期待。

此外，还有一个不容忽视的问题：大学科技园在与跨国公司的技术合作中，可能在某些方面对大学科技园会产生不利影响。例如，大学已有或通过合作研究产生的知识产权被跨国公司低价占有，存在研究人员从本地大学和研究机构向外资研发机构的流动等问题。当然，跨国公司在研发合作中也对知识产权保护有一定的担心和顾虑。

第 11 章　对策建议

11.1　提升研发合作战略定位

把大学科技园与跨国公司研发中心合作作为国家技术创新战略的重要环节来抓。加快国家创新体系建设是深化改革开放、加快转变经济发展方式的重大战略，目前我国自主创新能力还不够强，企业技术创新主体地位没有真正确立，产学研结合不够紧密，科技与经济结合问题没有从根本上解决，原创性科技成果较少，关键技术自给率较低，研发和成果转移转化效率不高。2011 年，我国规模以上企业研发投入强度（研发经费支出占主营业务收入的比例）仅为 0.71%。其中，大中型企业研发投入强度为 0.93%，而主要发达国家为 2.5%～4%；2012 年全球 500 强中，我国有 70 多家企业入围，但全球研发企业 500 强中，我国企业只有 10 余家；2011 年，我国规模以上工业企业中设立研发机构的 2.55 万家，只占全部规模以上企业的 7.8%。[①]提升我国

① 国务院办公厅. 国务院办公厅关于强化企业技术创新主体地位全面提升企业创新能力的意见（国办发〔2013〕8 号）. 2013-1-28.

综合实力和国际竞争力就要大幅提升自主创新能力，实现创新驱动发展，加快国家创新体系建设。到 2020 年，基本建成适应社会主义市场经济体制、符合科技发展规律的中国特色国家创新体系；原始创新能力明显提高，集成创新、引进消化吸收再创新能力大幅增强，进入创新型国家行列。“十二五”期间的主要目标：一是确立企业在技术创新中的主体地位，企业研发投入明显提高，创新能力普遍增强，全社会研发经费占国内生产总值 2.2%，大中型工业企业平均研发投入占主营业务收入比例提高到 1.5%，科技进步贡献率达到 55%左右。

大学研发本身就是我国科技创新体系的重要组成部分，大学在技术研发力量上具有相对优势。为加强产学研用结合，要强化大学对企业技术创新的源头支持，鼓励大学与企业共建研发机构，共建学科专业，联合培养人才，实施合作项目。推动大学面向市场转移科技成果，有条件的大学应建立专业技术转移机构和技术成果供需平台。完善落实股权、期权激励等收益分配政策，鼓励大学科技人员转化科技成果。

大学科技园是我国大学研发队伍的生力军，与企业的结合更加紧密，理应在国家技术创新战略体系中发挥重要作用。大学科技园是创新的有效载体，一方面加强自身的科技创新服务功能，另一方面，建立与产业、区域经济紧密结合的成果转化机制，鼓励支持大学教师转化和推广科研成果。吸引企业特别是跨国公司在大学科技园区内设立研发机构，集聚高端人才，培育发展创新型产业集群，形成大学科技园科研积聚和辐射作用。

11.2 改进科研创新体制

要依托大学积极建设技术转移和高新技术产业化的平台。实施专利工程，加强专利工作。构建和完善大学科技园孵化企业、汇聚和培养优秀人才，辐射产业的开放式平台。加强高新技术的综合和集成，加速科技成果向现实生产力的转化。实行相关部门、地方乃至社会力量共同支持、共同利用、共同进行业绩考评的新机制。使之真正成为具有国际竞争力的、高水平科研工作和培养高层次优秀人才的基地，新兴学科和交叉学科的研究基地，从而增强与跨国公司研发机构合作的实力。大学科技园要提高自身的办园质量，进一步理顺所有权与经营权的关系，促进产学研合作的效率，探索并建立科学管理模式、高效运营机制及评估激励体系，提升大学科技园的创新软环境和综合服务能力。

要加强管理队伍建设，通过选拔竞争、公开招聘等形式将懂管理和服务的科技管理人才汇集到大学科技园，可以将园区内的跨国公司企业，特别是跨国公司研发中心的有关人员与园区其他企业和园区技术管理人员组成技术管理委员会，协调交流研发的有关技术合作问题。

11.3 完善风险投资机制

风险投资是知识经济发展的重要推进器。与跨国公司研发合作和转化科技成果，只靠大学科技园是不能承受如此之重的，需要政府部门推动，尤其是在早期风险投资方面。

从各国高新技术产业化状况来看，风险投资机制完善，高新技术产业化水平就高；反之，风险投资机制不完善，其高新技术产业的发展就会举步维艰。例如，美、英、法、日、德五国的风险投资之和占世界总额的 90%以上，其高新技术产业占居了世界发展的主导地位，其大学科技园的发展也是水平最高的。国外典型大学科技园成功发展的实践表明，风险投资是技术创新的必备的有利条件。健全的风险投资体系和完善的资本市场才能保证技术创新项目得以孵化和变现，我国风险投资和资本市场发展相对落后，限制了企业科技创新活动。大学科技园同样是融资渠道不畅，严重影响了孵化项目的转化和创新企业的成长。

我国大学科技园要进一步改善融资环境，建立风险投资的有效介入及退出机制。一方面，我国风险投资基金的建设，要积极吸取国际上的成功经验，建立完善的投融资体系，积极探索金融与科研的有效衔接的机制，鼓励金融机构与大学特别是大学科技园开展合作，创造条件设立专门针对大学科技园的风险投资基金。另一方面，大学科技园也要不断地提高自身的接纳风险投资的能力，现有的大部分大学科技园虽然都引入了风险投资，但风险投资的规模十分有限，资金瓶颈问题依然存在，风险投资的发展仍然存在障碍。

我国风险投资发展很快，但仍不能满足需要。2012 年，我国创业风险投资各类机构数达到 1183 家，当年投资项目 1502 家，投资金额为 318.5 亿元，其中，投资于高新技术企业项目数为 671 家，投资金额 154.5 亿元，截至 2012 年底，全国创业风险投资机构累计投资项目数11112项，其中投资高新技术企业项目数6404项，占比57.6%；累计投资金额2355.1亿元，其中投资高新技术企业金额1193.1亿元，占比50.7%。[①]而大学科技园内科技成果转化、产业化面临的资金缺口约5000亿元，按风险投资约占比例30%计算，约1500亿元，远远不能满足需求。

要扩大风险投资的规模，改变主要依赖政府投资和银行贷款的融资渠道，建立风险投资的项目评价机制，投融资服务体系 政府通过实行财政补贴，税收减免等措施支持大学科技园风险投资的发展，建立完善的风险投资退出机制。[②]

11.4 加大与跨国公司研发合作力度

我国的大学科技园发展历史较短，要尽快提升自身的科技实力和研发能力，应该对跨国公司的研发机构给予重视。大学科技园应具有开放性，能够最大限度地吸收和应用全球科技知识的创新体系及其最新成果。鼓励大学、内资企业在大学科技园与跨国公司开展研发合作，在大学科技园的跨国公司研发机构设立博士后流动站。与跨国公司联合从事研发项目可以以跨国公司为主，也可以以中方为主，目的是最大限度地发挥跨国公司研发的技术溢出效应。

① 2012年中国创业风险投资统计分析 中国科技统计网站. http://www.sts.org.cn/tjbg/qtzxtj/documents/2013/1315-2012.

② 李宁宁，张燕. 大学科技园与风险投资互联模式研究. 卷宗，2013（10）.

11.5　建立大学科技园联合机制

单个大学科技园的科研水平，科研能力有限，有必要建立大学科技园的联合机制。根据各大学科技园的研究优势，联合建立高层次研究平台，国家适当投资，联合确定选题，增强与跨国公司交流合作的机会。国外已有类似的成功经验，新加坡肯特岗数码研究所是新加坡政府所属的研究组织，其主要任务是与跨国公司开展广泛的技术合作，学习先进的技术，掌握世界产业发展动向，为新生企业提供相关产业信息和风险投资，该所已经与微软公司、苹果公司、惠普实验室、爱默生、摩托罗拉、太阳公司等多家大型跨国公司签订过技术合约。这需要组织创新，需要综合协调，超越传统的科研组织结构和模式，集中最优势力量与产业进行互动，形成持续的创新载体。

11.6　强化政策引导

大学科技园与跨国公司研发合作需要国家和地方政策的进一步支持。对跨国公司在大学科技园从事的属于国家重点发展行业的跨国研发机构，研发企业应给予免征企业所得税，对科研人员个人的减免税等尤为重要。对跨国公司在大学科技园从事研发活动的科技人员应取消累进个人所得税，实行 25%的个人所得税等，并对科研人员创新发明实行股权等激励机制。

国家应根据经济建设发展的需要，为大学科技园确定一批产学研重点科研项目，设立专项科研资金（可由国家和地方政府共同提供），吸引国内外企业入园从事研发活动。同时，在大学科技园设立研发基金，激励跨国公司开展研发活动，引导研发方向。可根据跨国公司在大学科技园设立研发中心的投资，政府提供配套资金，可按1:1配套。对在大学科技园从事研发活动的企业，银行提供优惠贷款，放宽贷款条件。

11.7 把握合作主攻方向

大学科技园必须超越房地产为特征的硬环境建设，始终将科技创新作为自己发展的首要任务，坚持内涵提升与软环境建设相结合。硬件建设是大学科技园发展的前提和基础，但在大学科技园的硬环境中，营造以创新服务体系为主要内涵的软环境更为重要。大学科技园不但可以成为连接政、产、学、研、金、介等创新资源的有效纽带，而且能够在整合这些资源的基础上实现多方共赢，成为推动区域产业转型、创新能力提升的重要力量。将跨国公司的研发和大学科技园的科技创新活动紧密结合，纳入大学科技园的创新体系。

11.8 研究课题向自主知识产权发展

大学科技园在与跨国公司研发机构合作的过程中，要尽快提升自身的地位，通过加强知识产权管理，由被动从属的状态逐步过渡为具有实际意义的主导地位，要大力加强原始性创新的研究，通过工程的实施要鼓励大学科技园发挥自身的特色和优势，加强自由探索和交叉学科的研究，提高大学的国际声誉和影响力。加大对创新团队和重大项目的孕育和培植，提高竞争力，力争能取得一批重大的原始性创新的成果。鼓励建立战略技术联盟，掌握最新产业动态，为我国原始性创新积累经验，增加知识存量。

因此，在与跨国公司研发机构合作过程中，大学科技园应主动提出一些研究课题，当然要考虑跨国公司的需要，并尽可能参与一些完整技术的研究，直至掌握其核心技术，向拥有自主知识产权方向发展。运用专利许可、技术转让、技术入股等方式推进大学科技园所开发技术的扩散应用。大学科技园应成立技术转让机构，促进专利申请工作。允许大学遵照国家相关政策规定，自主制订有关鼓励技术发明、转让的规定，以调动大学师生从事科技创新的积极性。

11.9　加强对大学科技园土地管理

对大学科技园的土地进行清理，优化土地利用布局。将违规用地项目进行清退，对一些有发展潜力，有相当科技创新能力的大学科技园增加土地供应量，要盘活大学科技园现有的存量土地，积极实行土地回购和土地置换，从那些获取土地后没有能力开发的一般企业，腾出土地给为跨国公司进入园区的研发中心项目优先保证用地。全国的大学科技园要全面调整、缩减企业用地，增加研发用地。同时，还可研究利用空间网络，相对增加科技园区面积。

11.10　与科技园区联动形成创新集群

大学科技园与就近的高新区、开发区结成创新联盟。经过 20 多年的建设，高新区形成了相当的科技创新规模，现在全国有 114 个高新区。到 2013 年，114 个国家高新区 7 万家企业的统计，整个企业的营业总收入是 20.3 万亿，工业增加值大概是 4 万亿。基本上出口总额是 3700 亿美元。工业增加值占到了全国的 16%。出口创汇占全国的 16.9%。

高新区成为跨国公司的聚集地。比如，截至 2013 年底，成都高新区就有 92 家世界 500 强的企业，以及 60 多家世界知名企业的研发中心落户。中关村的微软、摩托罗拉、甲骨文，张江的陶氏、杜邦、罗门哈斯、GE，东湖的辉瑞、霍尼韦尔、柏林化学。专业园如大连软件园，入园企业数量 500 余家，包括 GE、IBM、HP、埃森哲、松下、索尼、日立、NTT、甲骨文等一批世界 500 强企业。再如中关村生命科学园，有美国建赞、丹麦 CCBR 等一批国外知名研究机构和知名企业。

很多大学科技园与高新区直接比邻或就在高新区内，双方合作十分方便。不论国内或国外，大学科技园与高新区比邻是普遍模式。所以，大学科技园要主动从战略发展的角度和高新区形成科技创新战略联盟，就可以直接和高新区内的跨国公司进行科技创新合作，并充分利用高新区完备的研发和生产环境。同时也为高新区的科技创新活动增加了科研力量，注入了动力源，使产学研合作能够持续的进行下去。

11.11　加强与跨国公司研发中心网络合作

近年来，互联网技术愈加普及和完善，在研发合作中发挥着越来越大的作用。特别是随着云计算、物联网、大数据时代的来临，大学科技园的研发合作可以发挥更大的想象力，创新合作模式，创新发展空间，超越空间及时间的限制，开展丰富多彩的研发活动。

首先，大学科技园可以与跨国公司研发中心共同建立研发网络合作平台，确定合作项目在互联网上进行研发交流合作。即使跨国公司研发中心没有设立在大学科技园，也可以通过网络平台与大学科技园进行合作。这种研发网络平台可以按学科、产业分类，也可以多学科多行业组合；可以与一家跨国公司研发中心进行单项合作，也可以与多家跨国公司研发中心协同合作。

其次，通过互联网与国外的大学、科研机构、大学科技园尤其是跨国公司母公司的研发中心及所属其他研发中心分支机构方便快捷地开展研发交流活动，也可以通过网络平台为大学科技园在国外的合作园区提供技术支持。

最后，通过互联网与各地的国家大学科技园共同组建全国大学科技园研发虚拟平台。利用其搭建的公共平台，可以联合承担国家重大科技攻关项目，运用云计算、大数据进行研发的信息交流、研发协作。由单一的科技园向集群的科技园发展，并实现向虚拟式，网络式的结构性转变，从而，建立具有特色的我国大学科技园创新型网络研发模式。

结论

不论是大学科技园的兴起，还是跨国公司研发中心加快落户我国，在两者之间建立起现实的联系是必要的也是可行的。这是我国科技创新的必然要求，是大学科技园未来发展的内在需求。我国大学科技园无论是自身科技创新条件的发展，还是与跨国公司研发中心多年的合作实践，已经具备了与跨国公司研发中心深入合作的条件。

只要我们认真总结大学科技园与跨国公司研发中心合作的经验，针对合作中存在的问题，在财政、税收、信贷、土地供应等方面采取切实可行的政策措施，就能使这种合作更加深入地开展下去。大学科技园与跨国公司研发中心有效的合作，是近距离学习跨国公司研发中心卓越的市场开发与运作能力、科技成果转化途径、创新人才培养模式，技术创新管理的经验和技巧的极好机会，必将高效、快速的提升大学科技园科技创新能力，对全面提高我国整体科研水平和创新能力起到积极的促进作用。

附 件

A 清华科技园与跨国公司研发合作的探索

1994年国家批准清华科技园正式成立。清华科技园主体园区紧邻清华大学校园，占地面积25公顷，建设了69万平方米的研发商务楼群，营造了一流的创新环境。经过20年的发展，清华科技园成为我国最大的大学科技园，是唯一获得“A类国家大学科技园”称号的大学科技园。清华科技园在推动区域自主创新、促进科技成果转化和孵化创业企业等方面取得了丰硕成果，成为产学研结合的重要平台。同时通过投资建设、品牌加盟和管理输出等多种方式，在北京、上海、广州、昆山、南京、西安、天津等地建立分园30多个。清华科技园建设取得了显著成效，已经成为各类创新要素资源汇集、融合的新的聚焦点，清华科技园已发展成为享誉国内外的大学科技园。

清华科技园聚集了超过 1000 家科技企业和研发机构，入园企业年研发投入超过30亿元，园区年销售收入超过600亿元，培育孵化的企业中，已有8家成功上市，多家被并购或完成股改，并逐步形成了高科技企业创业集群、金融投资机构集群、中介服务机构集群和跨国公司研发机构集群等为代表的完整的园区形态。正在形成高层次创新人才、创新企业、创新技术和成果聚集的创新园区。越来越多的跨国公司研发中心陆续进入园区，将其作为研发合作的平台。

一、跨国公司与国内企业研发的聚集地

清华科技园是我国入园企业数量最多的大学科技园。以谷歌（Google）、搜狐（Sohu）、网易、博通、维尔软件、Juniper Networks、Adobe、Conexant Systems 为代表的 NASDAQ 上市公司，以同方、紫光、诚志等为代表的国内高科技上市公司，都已落户园区。清华科技园也是世界500强企业入驻最多的大学科技园。目前，美国太阳微系统公司（SUN）SUN 中国工程研究院、宝洁公司（P&G）、Schlumberger 技术有限公司、NEC 等知名跨国公司都已在清华科技园设立研发机构。以光盘、cad、液晶工程技术中心等为代表的国家级科研机构也进驻园区。

吸引拥有最先进技术的企业进入园区，提升园区整体科技创新能力始终是清华科技园的重大战略目标。清华科技园努力创造一个高水平的研发平台，良好的技术创新环境，使国外跨国公司乐于并非常容易进入园区，清华大学的科研机构和国内企业在园区内就能与跨国公司展开研发合作。

经过多年的努力，清华科技园已初步形成了企业研发中心的聚集效应，提升了清华科技园研发能力、孵化能力，使园区与国际全面接

轨，促进了跨国公司与国内科技企业之间的融合交流。清华科技园聚集了众多的国内外企业、机构，国内外相关企业之间的协商、讨论，促进了合作交流活动。特别对于本地的中小企业，在与跨国投资者合作的过程中可以获得很多学习机会，跨越寻找合作伙伴的障碍，降低跨国公司在建立本地化供应体系过程中的成本。根据教育部科学技术司编著的《2013 年大学科技统计资料汇编》统计，清华大学是目前我国大学中研发技术转让收入最多的（2013 年为 5.5 亿元，占全国高校总的技术转让收入的五分之一），许多技术创新成果就是在清华科技园进行的。

清华科技园之所以能够吸引世界 500 强跨国公司研发中心纷纷进入园区的一个重要原因是，清华科技园地处北京中关村科技园区的核心地带，这里聚集了数量众多的著名高等院校和研究院所，是我国最大、世界少有的智力密集区。清华大学本身就拥有雄厚的科研实力，拥有建筑、土木水利、机械工程、航天航空、信息、理学、经管、人文、社科、法学、新闻、金融、艺术、生命科学、医学等 19 个学院、55 个系，拥有近 200 个科研机构以及 5 家校办产业。固定资产超过 110 亿元，控股资产近 600 亿元，是“985 工程”、“211 工程”高等院校，有两院院士 76 人，有 13 个学科已经进入“基本学科指标”（ESI）全球前 1%，其中工程、材料位于前 0.01%，化学、物理、计算机位居前 0.1%，材料、化工、电子、机械、环境、土木、统计等 7 个学科进入世界前 20 名。这些为清华科技园的发展提供了坚实的后盾。据统计，清华科技园内 2/3 的企业都和清华大学有很密切的合作关系。清华科技园同时享有中关村科技园区大规模基础设施建设和一系列配套优惠政策，加上园区周边便利的交通，造就了清华科技园得天独厚的区位优势。

另外，经过多年的建设发展，清华科技园已经形成了促进科技成果转化的良好氛围和鼓励技术创新企业创业的环境。清华科技园致力为创业企业孵化、高新技术研发、创新人才培育、科技成果转化提供发展空间和优质服务。园区拥有一流的国际科技交流中心、各种服务设施完善，为入园企业提供专业和定制商务服务，从而吸引大批创新企业入驻。

二、跨国公司研发中心紧跟国际研发前沿

跨国公司研发中心设立在清华科技园，是其全球价值链的体现。科技园内的跨国公司研发中心的研发内容都是当今跨国公司在中国市场和国际市场竞争中面临的技术难题，有的甚至是未来技术发展的前瞻性的基础研究。比如微软公司在我国进一步加大基础研究、助力产业孵化，同时加大和合作伙伴的合作力度，合作开发产品，通过广泛的合作进一步推动改善创新环境。微软（中国）研发集团则反映出了跨国企业在华研发战略演进的几个阶段：由早期的产品本地化测试走向全球化的核心技术研发；由被动的研发战略执行者转向主动参与甚至主导研发战略的制定和决策；由扁平化的单一研发升级至立体的、职能完备的研发体系。

Sun 中国工程研究院已成为 Sun 全球软件研发队伍的中坚力量，研发范围涵盖 Sun 行销全球的关键产品。工程研究院主要研发项目涵

盖了 Java 开发工具，Solaris 操作系统，存储及数据管理，芯片技术开发和 ISV 软件技术等核心开发业务。同时也拥有一个专门从事国际化和本地化技术研究的部门。其中 Solaris 研发团队已经成为美国总部外全球最大的 Solaris 操作系统开发队伍。

这些研发成果一方面满足了跨国公司本身的技术需求，另一方面，也为进入清华科技园的创新企业提供了很好的学习和合作机会。清华科技园中的一些留学创业企业之所以在技术和产品创新日趋频繁、市场竞争越来越残酷的挑战中迅速成长，这与它们和跨国公司合作并直接参与其主导的生产、流通和研发活动有关。

三、形成合作创新平台

清华科技园吸引跨国公司进入园区与各种创新资源相结合，构筑一流的创新服务体系。美国著名风险投资基金 NEA、金沙江、Mayfield 等投资机构因为看好园区内的高科技企业或项目而进入清华科技园。清华科技园通过整合大学、政府、社会等资源，建立各类服务创新平台，营造了从企业初创、成长到产业化等不同发展阶段的“接力式”创新服务环境。为创新创业提供全过程全方位的专业服务，有力地促进了创新创业企业的健康快速成长。

清华科技园紧邻清华大学、北京大学，数十个国家工程研究中心、国家重点实验室和开放实验室遍布周围，这些科研院所为园区企业的创新发展提供了一流的人才、技术和实验条件。清华科技园的建设和发展得到了科技部、教育部和北京市政府的大力扶持，在基础设施建设、人才引进、财税管理等方面享有一定的优惠政策。

园区内跨国公司、创业企业与清华大学信息学院、计算机系等院系纷纷建立合作实验室。园区还与清华大学分析中心合作，建立清华科技园分析测试平台，使园区企业能够低成本地使用清华大学的分析测试设备，获得了有力的技术支持。通过不断聚集高端创新资源，明显提升了学校科研水平。为了充分发挥清华大学在计算机科学领域的技术优势和入园企业搜狐公司的产品经验和市场优势，2007 年清华大学（计算机系）——搜狐搜索技术联合实验室成立，在网络信息检索领域研发基于自主知识产权的网络信息存储、检索、管理和应用技术。

清华科技园还引进知识产权机构、资产评估机构、知名律师事务所和各类信息服务机构，为园区企业提供相应服务。通过与各大投融资机构合作，为园区企业提供融资服务。园区是首个采用“孵化+投资”发展模式的大学科技园，已建成 8 个公共技术平台，成功投资 30 余家创业企业。

清华科技园不仅吸引了 SUN、Schlumberger、NEC、Google 众多跨国公司研发中心，更聚集了近 200 家创新创业企业，其中相当数量的企业都拥有完全的自主创新能力和自主知识产权的核心技术，其产品和技术在国内处领先地位。具有世界领先技术的跨国公司与国内的高科技企业聚集在一起，进行广泛的科技合作交流，不断诞生新的创新想法、提出新的研发项目、产生科技创新产业化的新产品，形成更多的商业机会。通过国内外高科技企业的聚集，创新资源聚焦、各种科研要素间的聚合，实现了清华科技园企业的聚变，科技创新势头越发强劲，创新企业快速成长。

在全国大学科技园中，清华科技园第一个系统构建并输出创新服务体系；第一个采用在线服务与地面服务相结合方式，推出“科技创新与创业环境解决方案”及“创新型科技企业增值服务体系”；第一个成为国际科技园协会（IASP）理事单位。

清华科技园建立了专门提供各级政府政策和活动的综合信息服务网站，为企业提供各项政策信息、科技基金申报咨询以及高新技术企业认证、年检等多项服务，并积极落实国家在注册、税收等方面的优惠政策。园区还加强与政府有关部门的合作，发挥科技园与企业贴近的优势，协助政府部门制定相关产业政策，并反馈相关政策落实的效果。此外，通过举办创新基金申报推介会、投资渠道宣讲会等活动，促进政府部门与园区企业的直接交流。

积极搭建园区企业交流合作平台。近年来，清华科技园举办了“清华科技园CEO交流会”、“园区企业与清华大学科技开发部交流会”、“清华科技园与日本企业交流会”、“清华科技园创新成果展”等活动，促进了园区企业之间的相互交流与合作。同时，通过建设企业信息服务平台，使园区企业、研发机构相互融合，互动支持。

北京清华大学工业开发研究院、河北清华大学发展研究院、清华大学科技开发部等清华大学成果转化机构，清华大学继续教育学院等培训机构，各种金融、投资、法律、咨询等中介服务机构，清华创业园、清华留学人员创业园、生物技术孵化器、IC 设计孵化器（筹）、国际园·日本、国际园·韩国等各类孵化器，形成的产学研创新集群包括企业孵化器群、技术研发机构群、大学科技产业群、教育培训机构群、中介服务机构群和配套服务机构群等。

经过长期的实践探索，清华科技园在推动区域自主创新、搭建产学研合作平台、促进科技成果转化和孵化创业企业等方面取得了丰硕成果，累计孵化1000余家企业。

四、与跨国公司合作提高创新能力

当各种创新要素和创新资源聚集后，园区内的企业、研发机构、风险投资之间开始大量交流与碰撞，从而使高新技术企业之间按照成长需要和市场需求，形成上下游的产业链，产生产业集群的聚合效应。以 SUN、NEC、Google 等为代表的世界 500 强企业，以及搜狐、Broadcom 等 NASDAQ 上市公司；以同方、紫光等为代表的清华产业系统的高科技企业；处于高速发展阶段的大批中、小型创新创业企业。这些处于发展不同阶段的企业汇集在一起，通过清华科技园提供的良好的合作平台，进行企业间的交流、碰撞、合作，形成了产业聚集和企业的上下游合作关系，最终逐步形成产业链。对此，清华科技园已形成良好的互动态势，企业和大学之间、企业和企业之间相互合作，互为配套，在集成电路设计、软件开发、数字电视等方面，结合成较为紧密的产业集群形态。

在产学研创新集群模式的指导下，清华科技园通过与跨国公司的合作最终成为创新、创业资源的聚集区域，创新、创业服务的专业区域，在世界范围内形成一个“聚集效应”，让优秀的创新创业人才云集于此，形成持续不断的创新创业能力和创新创业的辐射能力和国际化竞争力。园区年专利申请量超过3000件，专利批准近1500件。清华科技园北京主园区企业年研发投入超 30 亿元，园区聚集了数百项国际、国内领先的核心技术。园区内 100 多家创新企业拥有的核心技术和自主知识产权，其中若干技术已达到了世界领先水平。

例如，凌讯科技公司在无线宽带数字通讯、数字电视等领域拥有多项自主知识产权，其科研成果为我国实现 2008 年奥运会数字电视直播，奠定了坚实的技术和产业化基础。同方威视公司运用“技术+资本”的模式，利用上市公司的资金优势，将清华大学组织完成的、具有国际先进水平的国家攻关项目“大型集装箱检测系统”实现产业化，已经在中国主要海关投入使用，并已有 27 套设备出口澳大利亚、韩国、伊朗等国家。在昆山启迪科技园的推动下，重型锻件产业化项目落户昆山，我国第一条 OLED 大规模生产线在昆山分园投产。

五、与跨国公司合作吸引大量国际化科技人才

清华科技园有大量的跨国公司的生产企业和研发机构，拥有先进技术的一流外资企业，这必然吸引优秀的科技人才、大批的一流专家和技术人员来这里工作。在创新服务体系的支撑下，清华科技园充分发挥集群式创新的优势。2002 年 12 月，清华大学和中关村科技园区管委会共同建立清华科技园留学人员创业园，作为清华科技园孵化器集群的重要组成部分，清华留学人员创业园日益成为清华科技园国际化战略实施的重要阵地，成为国内外高新技术和科技人才交流的重要渠道，成为吸引国外资金、企业与技术的有效途径。

清华科技园与北京高级管理人才和高级技术人才的计划项目合作，解决人才落户问题，为企业吸引高素质人才提供重要的支持。园区聚集了大批创新创业的领军人物。同时，通过开展“实习生计划”、“清华 MBA 培训基地”等活动，促进园区企业与清华大学学生的交流，实现了企业使用人才和大学培养人才的双赢。造就创业领军人才，2009 年 9 月原谷歌全球副总裁李开复在清华科技园开办“创新工场”，采用天使投资+创新产品和团队的方式，立足互联网、移动互联网和云计算三个领域，培育新的领军人才和创新企业。

高频率的产学研合作，提升了企业科技创新能力，也吸引了越来越多的人才驻扎于此，创业、工作和生活。在园的 400 多家企业中，科技人才高度集中，园区总就业人员约 35000 人，其中科技活动人员达到 27000 人，占总从业人员的 75%以上。每年园区企业接纳应届毕业生数百人，并提供实习岗位千余个。园区累计入选“千人计划”14 人，入选北京市“海聚工程”27 人，入选中关村“高聚工程”30 人和 2 个创业团队。

六、与跨国公司合作打造企业孵化基地

清华创业园作为孵化器的优势就是依托清华的人才和技术，只有创建专业技术孵化器，才能充分地整合学校的资源，为企业提供更加专业化的服务。清华科技园启迪孵化器于 2001 年注册成立。2002 年初，清华创业园开始了从单一的综合孵化器向专业孵化器集群的转化，清华创业园的发展目标是建成由各类专业技术孵化器组成的企业孵化器集群。清华科技园启迪创业孵化器是世界上第一个获得国际孵化器大奖——“科学孵化器最佳实践奖”的机构。

随着大批跨国公司进入清华科技园，与园区展开各种科技合作，园区的科技创新能力不断提高，孵化出的企业越来越多，清华科技园启迪创业孵化器已累计孵化企业超500家，培育了大批优秀企业，其中钻石企业26家，金种子工程企业9家，“千人计划”、“海聚工程”和“高聚工程”领军人才等64人，并已有9家企业成功上市。

近年来，清华科技园顺应世界科技创新的潮流，越来越多地开展国际创新合作，走出国门孵化企业，清华科技园2012年4月创立了的首家硅谷中美技术型初创企业孵化器——创源，2012年7月与俄罗斯“日古力谷”科技园签署合作谅解备忘录，双方将在备忘录框架下进一步探讨合作共建孵化器事宜。2012年9月，派团访问英国帝国理工大学，商讨在英国建立孵化器。2013年，分别与韩国金浦市、以色列海法市、香港科技园签订了战略合作协议，一个跨国承接孵化项目的平台网络正逐步成型。

地方政府将条件成熟、发展态势良好的创业企业或科技成果项目放入清华科技园，借助清华科技园的资源和孵化经验协助孵化，待这些企业发展到产业化阶段时，移植到当地实现产业化。清华科技园已经成为产学研结合的有效载体，成为区域创新体系的重要组成部分和创新型集群的典型代表。创新要素在园区内汇集和相互作用，形成了源源不断的科技创新。清华科技园通过搭建产学研互动平台，加强国际跨国公司与中小型创新创业公司的良性互动，为促进科技成果转化，扶植具有自主知识产权的创新型企业在园区内迅速成长，成为建设创新型国家的一支生力军。

促进科技成果转化，形成了一批高科技企业。例如：世界首创的以直线加速器为辐射源的集装箱/车辆检查系统供应商——同方威视技术股份有限公司；世界首颗TD-SCDMA/GSM双模基带单芯片——展讯通信有限公司；我国最大的数字电视软件及系统提供商——北京数码视讯科技股份有限公司；博奥开创中国生物芯片新纪元——博奥生物有限公司；世界第一款可实现单面全面积、全像素发光的OLED双面显示产品——北京维信诺科技有限公司；昆山维信诺显示技术有限公司；国内市场份额最大的船载航行数据记录仪——北京海兰信数据科技股份有限公司；全球首枚CMMB核心芯片及全系列核心技术和方案——北京创毅视讯科技有限公司；我国第一颗1兆位静态存储器芯片及首款串行闪存——北京芯技佳易微电子科技有限公司；国内最大学术、教育文献资源集成化数字出版与内容增值服务提供商——同方知网（北京）技术有限公司；国际领先的专业分析测试仪器高科技生产企业——江苏天瑞仪器股份有限公司；我国最领先的正版数字内容传播机构——北京中文在线文化发展有限公司；我国领先的智能交通整体解决方案与服务提供商——紫光捷通科技股份有限公司；我国领先的节能减排专业服务商——浦华环保有限公司；我国领先的办公及管理自动化软件与服务提供商——北京慧点科技开发有限公司；国际领先的医疗影像信息软件系统和服务——海纳医信（北京）软件科技有限公司。

七、不断提升创新发展理念

清华科技园不仅在硬环境建设、创业孵化、专业服务以及国内外交流合作等方面走在全国大学科技园的前列，而且在开拓进取中逐步形成了比较系统和先进的发展理念。

1996年，清华科技园首次提出大学科技园的功能是“企业孵化中心、人才培育中心、成果转化中心、技术研发中心”。

1999 年，进一步将园区的功能定位于“三个基地”，即创业企业孵化基地、创新人才培育基地、科技成果转化基地。

2001 年，清华科技园提出园区发展的“三大战略”，即以国际化战略为龙头，以支撑平台战略为基础，以辐射园区战略为外延。国际化战略是指以国际化的理念和标准建设园区，进而培养出一批有国际影响力的企业。支撑平台战略是指通过立体化、专业化的服务支撑体系，使创新企业获得更多的发展机会和更广阔的发展空间。辐射发展战略分为“硬辐射”与“软辐射”。“硬辐射”是指投入力量在其他地区建设分园；“软辐射”是指通过输出清华科技园的管理模式和服务体系，将园区的发展经验同当地的实际情况有机结合起来，从而带动区域经济的发展。同时将北京清华科技园主园区开发建设、运营管理的经验成功复制到上海、南京、昆山、西安、咸阳、广州等全国近 20 个城市及地区，并率先在美国硅谷投资创建首个中美跨境孵化基地——创源孵化器（InnoSpring）。

2002年，清华科技园又进一步提出了“三重两级孵化体系”的观点，即形成人才孵化、成果孵化、企业孵化的三重孵化体系，以及面向创业型小企业的普通孵化、面向有一定技术基础企业的高层次“催化”的两级孵化体系。同时，还提出了大学科技园的核心竞争力应放在创新资源的整合、创新文化的营造、专业服务的提供等方面。

2003年，清华科技园总结出以空间建设、服务建设、资源建设、文化建设、理论建设、品牌建设打造世界一流园区的经验，提出了科学与艺术完美结合的园区文化理念。

2004 年，进一步提出“一流大学科技园的四个主要标志”，即一流的企业在这里聚集和成长，对区域经济和科技发展产生重大的影响；一流的科技成果在这里涌现，带动产业的科技含量不断提高；一流的人才在这里汇集，不断产生新的思想和理念；一流的服务在这里展现，形成高价值的品牌、信誉和国际知名度。

2006年，清华科技园提出把“全力营造自主创新场，实现产学互动，聚集核心技术，培育钻石企业”作为园区创新发展的战略目标。为此，清华科技园正式启动了“钻石计划”，即从2006年到2011年，清华科技园将启动两亿元的创业投资基金，并广泛联合其他投资机构，对优选的20家具有核心技术、发展潜力远大的入园企业予以资源倾斜和重点扶持，帮助其快速成长。清华科技园希望通过“钻石计划”，培育出3～5家具有世界一流技术和行业领先地位的“钻石”企业，从而为建设创新型国家做出积极的贡献。

2008年，国际科技园协会亚太分会年会在清华科技园成功举办。国际科技园协会唯一的驻外机构——北京办公室落户清华科技园。

清华科技园提出到2011年，在清华大学建校100周年并进入世界一流大学行列之际，清华科技园也将成为世界一流的科技园区，能够培养出世界一流的高技术企业和企业家。

清华科技园获得2010中国创意产业最佳园区奖，“十一五”国家科技计划执行优秀团队奖，2011科技部首批现代服务业创新发展示范企业。

2014年清华科技园开启了启迪之星创业营，该活动是由清华科技园面向全球创业者发起的大型公益性创业培训与天使投资计划，将通过“创业培训+孵化服务+开放平台+天使投资”等方式，发掘科技创新创业项目，培养科技创业领军人才。“创业营·北京站”已有25个项目团队入选，行业覆盖移动互联网、互联网金融、节能环保、生物医药、文化创意等。与一般的创业营不同，启迪之星将创业集训、孵化服务以及创业导师等各种要素集中起来，为创业者提供全方位服务；将各种收费的创业咨询服务项目，以完全免费的形式，开放给所有入营的学员；将投资人、创业精英、行业顾问等专业人士，有针对性的推荐给创业营学员，让学员们可以面对面的分享成功经验。

清华科技园和孵化器业务进行战略升级，逐步从科技园区向科技新城转型、从传统型孵化器向专业孵化器转型。清华科技园启迪创业孵化器现已经成立了启迪之星互联网孵化器、纳米孵化器、互联网金融孵化器等专业孵化器，专业孵化器的成立为相关行业的创业者提供具有针对性的服务，让创业者享受到更加适宜的成长环境。

清华科技园的探索实践表明，要充分发挥大学科技园的功能优势，促进教学、科研、社会服务的协调发展。在“投资+孵化”模式的基础上，清华科技园正进一步整合社会各种优势资源。大学科技园建设必须坚持技术创新与体制创新，实现科学发展与规范管理相结合。由清华大学联合科技部、中关村管委会和海淀区政府共同发起设立，清华科技园启迪控股股份有限公司承担运行发展的“清华大学启迪创新研究院”，聚集了来自学术界、企业界、政界的优秀理论家、科学家、学者，为全面整合政府、大学、研究机构和企业、中介服务机构等各方面的资源，从理论高度解决区域经济发展和创新企业成长中所遇到的问题提供了全新途径。

建立在现代企业制度基础上的科学合理的运行机制是实现大学科技园基本功能的有力保证。清华科技园为提升管理水平和服务效率，有效实现“运营管理机制”的可复制性和辐射性，提出了具有独立知识产权的创新管理与服务信息化解决方案—启迪在线。不仅突破了空间环境对科技园发展的限制，也通过网络信息平台的使用完成了规范管理的目标。

按照产学研创新集群的基本思路，清华科技园正在积极创建城市创新中心群。为了加强区域创新体系建设，增强区域创新能力，促进区域科技进步和经济发展，为了提升城市竞争力，输送创新资源，提高当地产业的科技含量，为地方城市提供招商融资渠道，形成创新协作网络，开拓国际国内市场，扩大城市和企业的知名度，使清华科技园所拥有的创新资源——人才、信息、科技成果、实验设备等发挥更大效用，清华科技园设立了“中国城市创新中心”。

经过二十年的发展，清华科技园已经形成了企业孵化器集群、技术研发机构集群、中介服务机构集群和配套服务机构集群。目前，清华科技园入园企业已超过 1500 家，溢出企业超过 500 家，成功培育出的上市公司 14 家。如今的清华科技园已经成为服务体系最完善的智力密集型区域，成为地方经济发展与创新创业的引擎。地方城市可以通过“中心”寻找到符合当地资源特点的企业，寻找到适合当地投资的产业化项目。同时，清华科技园受到许多国内外大型金融机构的青睐，“中心”将成为地方政府和企业招商、融资的平台。

（注：根据清华科技园网站、启迪控股股份有限公司网站材料整理汇编）

B 《国家大学科技园“十五”发展规划纲要》

为贯彻落实党的十五届五中全会精神和《中共中央、国务院关于加强技术创新，发展高科技，实现产业化的决定》，深入实施科教兴国战略，明确“十五”期间国家大学科技园的发展目标、指导思想和重点任务，指导和促进我国大学科技园持续快速健康发展，根据《国民经济和社会发展第十个五年计划科技教育发展专项规划》所确定的有关任务，制订本规划纲要。

一、形势与抉择

今后五到十年，我国国民经济和社会发展将处于以经济结构战略性调整和产业升级为主要特征的关键历史时期，既面临着知识经济所带来的良好发展机遇，也面临着加入世界贸易组织后激烈国际竞争的严峻挑战。江泽民总书记最近在庆祝清华大学建校 90 周年的讲话中指出:“大学应该成为科教兴国的强大生力军。要继续提高高等教育的质量，加快高等教育事业的发展，努力在全国建设若干所具有世界先进水平的一流大学。”他特别强调：“一流大学应该站在国际学术的最前沿，紧密结合先进生产力的发展要求，依托多学科的交叉优势，努力进行理论创新、制度创新、科技创新，特别要抓好科技的源头创新，并推动科技成果加速转化为现实生产力。”在新的历史条件下，积极兴办大学科技园，把高等学校的人才和技术优势转化为产业和经济优势，既是党中央提出的重要任务，也是推动科技成果转化和高新技术产业化、提高我国技术创新能力和国际竞争力的客观要求。

1. 兴办大学科技园是加速高新技术产业化的重要战略举措

当今世界，知识和技术的更新速度日益加快，科技成果商品化、产业化的周期大大缩短，科技创新将成为未来经济和社会发展的主导力量，智力资源将是推动社会生产力发展最重要的要素资源，各国综合国力的竞争，将更加突出地表现为知识创新、技术创新和高新技术产业化的竞争。

我国高等学校凝聚了大量高层次人才，是我国科技事业的重要力量。随着科技、教育体制改革的深化和知识经济的发展，高等学校在我国研究开发体系中的地位与作用越来越重要。据初步估算，“九五”期间高等学校承担了1/2左右的国家基础性研究项目，1/3左右的国家“863”高技术研究项目，1/4 左右的国家科技攻关项目，取得了一大批研究成果，为我国科技事业发展作出了重要贡献，同时也为发展高新技术产业提供了良好的基础。但是，由于受思想观念和客观环境的制约，蕴藏在高等学校中的智力优势远未得到充分发挥，成果转化渠道不畅，产业化发展未取得应有的效果。

依托高校学科齐全、人才荟萃、成果累累、信息通畅的优势兴办大学科技园，为科技人才创新创业提供平台，促进高等学校丰富的智力资源与其他社会资源的优化组合，是被国内外实践证明了的推动高新技术成果转化的有效途径。因此，积极创造条件大力兴办大学科技园，把蕴藏在高等学校中的智力资源激活、解放出来，变人才和技术优势为产业和经济优势，对于加速我国高新技术产业发展，培育新的经济生长点，提高综合国力和国际竞争力，具有重要战略意义。

2. 兴办大学科技园是高校自身改革和发展的重要方向

高等学校是科教兴国的强大生力军，大学的教学、科研工作与社会经济发展紧密结合，是时代发展的客观需要，是大学改革和发展的重要方向，是大学教育功能在新形势下的一种延伸，是我国研究型大学向世界一流大学迈进的必然要求。大学科技园是大学教学、科研与社会经济发展结合的窗口。在大学科技园内，高校的科技成果不断得到转化，流向企业，拉动高校科研和市场的结合，使高校教学、科研和社会经济发展形成良性循环。同时，大学科技园为创新创业人才的培养和成长提供了实践基地，高校师生通过参与园区创新活动，使理论和实践相结合，既丰富了高校的教学内容，提高了教学和科研水平，又会促进和带动学科建设。因此，兴办大学科技园是深化科技和教育体制改革，推动科技、教育与经济结合的重要措施。

3. 我国大学科技园建设和发展已经具备一定基础

大学科技园是以研究型大学或大学群体为依托，利用大学的人才、技术、信息、实验设备、文化氛围等综合资源优势，通过包括风险投资在内的多元化投资渠道，在政府政策引导和支持下，在大学附近区域建立的从事技术创新和企业孵化活动的高科技园。它是高校技术创新的基地、高新技术企业孵化的基地、创新创业人才聚集和培育的基地、高新技术产业辐射催化的基地。

结合具体国情，借鉴国外经验，我国在建设大学科技园方面进行了十多年的探索和实践，特别是 1999 年科技部、教育部组织开展国家大学科技园建设试点以后，全国大学科技园发展取得了显著成效，呈现良好发展势头，已经成为各类创新要素资源汇集、融合的新的聚焦点。据2001年初对其中22个大学科技园的初步统计，它们所依托的高校67所，共投入资金170.65亿元，其中吸引社会资金约130亿元，高校和地方投入约40亿元，两部资助的引导资金仅1500万元；科技园通过盘活校内及周边的现有建筑，已投入使用的孵化场地近100万平方米，在建的近160万平方米；现已入驻企业2778家，其中新注册的1763家，有459家即将育成出园；这些企业的从业人员6.84万人，开发的具有自主知识产权的新产品4813个，其中国家重点新产品2191个，申请各类专利9184项，其中已授权专利3482项；2000年园内企业实现销售收入257亿元，比1999年的134亿元增长92%。大学科技园建设，不仅大大激发了高校科技力量投身发展高科技、实现产业化大业的积极性，为转化科技成果、发展高新技术产业、促进经济结构调整和持续健康发展增添了新的活力，而且也为深化高等学校科技、教育体制改革，培养适应新经济发展要求的复合型人才提供了新鲜经验。更为重要的是，国家大学科技园试点工作所积累的经验，为“十五”期间我国大学科技园大发展奠定了良好的工作基础。

二、指导思想、建设目标和发展原则

我国大学科技园虽然取得了较快发展，但在总体上还处于发展的初期阶段。“十五”期间，是我国经济和社会大发展的重要时期，是实现经济结构战略性调整的重要时期，也是社会主义市场经济体制进一步完善、对外开放进一步扩大的重要时期。要充分利用日益良好的社会环境条件，抓住机遇，促进大学科技园在“十五”期间取得新的更大发展，为实现“十五”国民经济和社会发展目标作出积极贡献。

1. 指导思想

“十五”期间我国大学科技园发展的指导思想是：以党的十五届五中全会精神为指导，认真贯彻落实中央《决定》，深入实施“科教兴国”战略，以市场为导向，以营造环境为重点，以技术和制度创新为保证，把大学科技园建设成为高新技术企业的孵化基地，创新创业人才的培养基地，高等学校服务经济建设的窗口和技术创新的示范基地，为发展我国高新技术产业作出积极贡献。

2. 建设目标

“十五”期间我国大学科技园发展的总体目标是：统筹规划，突出重点，集中力量办好一批功能健全、管理规范的国家大学科技园，使之成为国家技术创新体系中重要的组成部分和发展我国高新技术产业最活跃的创新源；培育一批具有自主知识产权、有较强市场竞争力的高新技术企业（集团），培养一大批复合型创新人才和科技企业家；建立起完善的全国大学科技园组织网络和信息服务网络。同时在有条件的大中城市建设一批具有区域特色的地方大学科技园。

具体发展目标是：

——主要依靠地方和社会力量，在保证质量的前提下，再建设一批大学科技园，其中服务功能健全、管理运行规范、具有示范作用的国家大学科技园达到50个左右，少数要争取成为在国际上有重要影响的大学科技园；

——大学科技园五年孵化高新技术企业5000家左右，其中在信息、生物、新材料等重点高新技术领域，争取培育出50家左右具有较强国际竞争力的高新技术企业或企业集团，形成一批具有自主知识产权的高新技术产品并在国内外占有一定市场；

——培养和凝聚一批高素质的科技企业家和创新创业人才，形成一支高水平、专业化的大学科技园管理和服务人才队伍。

3. 发展原则

“十五”期间是我国大学科技园大发展的时期，也是打基础的关键时期，关系到我国大学科技园未来发展的全局。因此，在工作中应坚持以下原则：

一是要坚持统筹规划，合理布局。要从国家中长期发展战略需求出发，坚持科学规划，统筹安排，合理布局，把大学科技园建设与国家高新技术产业发展结合起来，与区域经济发展结合起来，通过与现有资源条件的优势互补，实现共同发展。

二是要坚持因地制宜，多种模式发展。要结合不同地区的实际情况，因地制宜，探索多种办园模式。大学科技园既可以办成综合性的，也可以办成专业性的；既可以一校多园，也可以多校一园；既可以与国内企业合办，也可以与国外企业合办。

三是要坚持从实际出发，量力而行。要在全面规划、合理布局的前提下，适当集中资源，培育若干有代表性的示范性国家大学科技园，带动全国大学科技园发展。

四是要坚持技术创新与体制创新并重，按市场规律办大学科技园。要以精简高效为目标建立大学科技园的管理体制和运作模式，逐步形成自我发展能力和良性循环机制。要充分尊重创业者、技术人员、管理人员和服务人员的创造性劳动，正确处理分配关系，积极探索新的分配机制和分配形式，充分调动各类创新人员的积极性。

五是要发挥政府、高校和社会等多方面的积极性。要在各级政府宏观引导和政策扶持下，明确界定大学科技园的发展方向和功能定位，努力从政策、资金、基础设施等方面创造良好的发展环境。大学要充分开放信息、研究设施、图书资料等资源，鼓励师生到科技园创业。要大力吸引社会力量参与投资和建设，努力把大学科技园建成人才、技术、资本、管理和服务等各类要素资源汇集、融合的良好舞台。

三、重点建设内容

“十五”期间我国大学科技园建设的重点任务是：围绕转化科技成果、孵化高新技术企业、培养高素质人才的需要，努力做好发展规划，加快基础设施建设，强化体制、机制创新，健全支撑服务功能，建立多元化投融资渠道，完善信息服务网络和组织网络，为实现总体发展目标创造条件。

1. 做好发展规划，加速基础设施建设

大学科技园建设和发展要统筹规划，量力而行，分步实施。要把大学科技园建设纳入地方经济和社会发展规划，明确大学科技园的发展目标、功能定位、重点任务、扶持政策和组织实施措施。既要做好大学科技园空间布局规划，也要做好重点培育和发展的技术领域规划。

要充分挖掘高校自身资源，并积极利用社会资金，加快大学科技园基础设施建设，形成包括孵化场地、通信网络等在内的功能配套、设备齐全的基础设施，为科技人员创新创业提供良好的硬件环境。

2. 建立良好的管理体制和运行机制

良好的管理体制和运行机制是保障大学科技园健康、高效运行和发展的基础。大学科技园要根据“精简、高效、服务”的原则，因地制宜地设立园区管理机构，建立起适应市场经济规律、有利于“官、产、学、研、金、介、贸”结合的管理体制。大学科技园和依托大学要坚持按经济规律办事，以产权为纽带，以市场为导向，以技术创新为中心，把学校的人才、技术优势与社会资源结合起来，实现校企之间的紧密合作。

要在大学科技园内进行制度创新。根据现代企业制度的基本要求，培育高新技术企业。要通过产权制度和分配制度的改革，建立产权激励机制，完善知识产权保护制度。通过制度创新激励技术创新，增强创新创业的内在动力，促进高新技术企业不断发展壮大。

3. 营造良好的创新创业环境

要建立完备的支撑服务体系，构建创业平台，整合服务资源，为创新创业者提供全过程全方位服务。大学科技园要吸引咨询公司、策划公司、产品设计公司、会计事务所、律师事务所、金融机构、资产评估中心、测试中心、人才培训中心、信息网络中心、技术交易中心等服务机构入园，为园内企业提供优质服务。要吸引高水平的研究开发机构入园，并在园内集聚一些大型高科技企业集团和众多的高科技小企业，达到数百家企业以上的规模，以加快园区聚集效应和创新网络的形成。

努力营造有利于创新创业的人文环境。要弘扬创新创业精神，促进大学文化和企业文化的融合，努力营造标新立异、兼收并蓄、勇于创新、坚韧不拔、容忍失败、尊重个性、团结协作和宽松自由的创新创业氛围。

4. 建立大学科技园孵化器，培育高技术企业，培养创新创业人才

孵化和培育高新技术企业是大学科技园最基本的功能。大学科技园建设初期，首先要加强高新技术企业孵化器建设。要根据依托高校技术和人才的优势和特点，建立综合型、专业型等各种不同形式的孵化器，完善孵化功能，为创新创业者提供良好的空间环境和服务条件，实现全程化、多方位的服务，使高科技企业顺利渡过初创期，提高孵化成功率。

科技型中小企业是大学科技园中最具成长性和最有活力的因素。大学科技园要发挥靠近创新源头的优势，创造有利条件，吸引包括毕业生、在职教师、在校学生和归国留学人员在内的各类创业者到园内创办科技企业。

孵化高新技术企业的过程也是培养创新创业人才的过程。要通过企业孵化和市场经济实践，使大批有作为的科技企业家和发明家在大学科技园里不断涌现出来。要注重培育具有创新精神和创新能力，懂经营、善管理、掌握现代科技知识的复合型人才。

5. 建立风险投资机制

要通过多元化的投融资渠道，建立风险投资机制。要逐步建立创

业孵化种子资金，并加强与金融、投资机构的合作，建立健全包括创业投资、科技型中小企业创新基金、创业孵化资金、担保资金等为内容的创业资本市场，为孵化和培育科技企业提供投融资服务。要积极吸引社会企业向园内技术创新项目和高科技小企业投资，把风险投资公司引入科技园，并为风险资本公司运营和发展创造良好条件。同时，积极利用国内外股票市场和产权交易市场融通资金，逐步建立具有中国特色的创业投资机制。

6. 加强信息服务网络和组织网络建设

推动大学科技园信息服务网络建设，是“十五”期间我国大学科技园建设的重要任务。要利用先进的信息网络技术，建立起为创业者和高科技中小企业提供信息服务的平台，为推动产学研结合提供一个高效、便捷的信息通道。同时，积极筹备建立全国大学科技园协会，加强大学科技园之间的合作与交流，并与国际上的同类组织建立合作渠道。

四、相关措施

“十五”期间，科技部、教育部将积极协调相关方面，进一步采取措施加强对大学科技园工作的指导和支持，加大政策扶持力度，鼓励各大学科技园通过技术和制度创新，激发师生创新创业的积极性、创造性，积极借鉴国外大学科技园的成功经验，从理论和实践上探索一条适应我国国情的大学科技园发展之路。

1. 加强宏观指导

大学科技园是国家技术创新体系的重要组成部分，是我国高新技术产业化环境建设的重要内容。要把大学科技园建设纳入国家“十五”科技发展规划和“面向21世纪教育振兴行动计划”，以国家意志强化宏观指导和调控，加大扶持力度。

科技部、教育部将加强对大学科技园工作的指导，并根据《国家大学科技园管理试行办法》和考核指标体系，按照“因地制宜，分类指导，定期评估，优上劣下”的原则，对国家大学科技园实行动态管理，促进大学科技园建设与发展逐步走向规范化和制度化。

加强大学科技园发展战略研究，动态跟踪园区发展，及时提出推动大学科技园发展的政策建议，力争从国家层面上出台一个加快大学科技园建设发展的政策，推动国家有关部门尽快启动二级市场，争取国家大学科技园企业优先上市。

2. 加大政策扶持力度

要依靠各级政府，深入落实中央《决定》精神，切实把大学科技园建设和发展纳入经济和社会发展计划，在年度预算中安排经费，加大投入，支持大学科技园重点建设项目，在建设用地、激励政策等方面对大学科技园给予优惠和支持。

各级科技、教育行政部门要为大学科技园建设和发展提供专项支持，支持大学科技园孵化器建设和技术创新项目。

国家和地方建立的科技型中小企业技术创新基金要积极扶持大学科技园的技术创新项目。“十五”期间，国家每年将投入一定经费支持国家大学科技园发展。

3. 深化高校体制改革，鼓励师生创新创业

高等学校通过深化改革，向大学科技园充分开放人才、技术、实验设施、文化氛围等综合资源，以产权为纽带，通过市场运作把学校的人才、技术优势与其他社会资源结合起来。

要建立产权激励机制，通过股份、期权等分配方式，激发师生创新创业的积极性、创造性，将集体利益与个人利益结合起来，形成一种创业致富、创业成才为荣的文化氛围。

4. 加强国际合作

以官方和民间等各种渠道，推动我国大学科技园与世界著名大学科技园的合作，吸收国外成功的管理经验，引进国外风险投资资金，并探索与国外共建大学科技园。组织大学科技园管理人员到国外考察、培训，提高管理人员的业务素质和管理水平。

C 《国家大学科技园“十一五”发展规划纲要》

大学科技园是国家创新体系的重要组成部分和自主创新的重要基地，是区域经济发展和行业技术进步以及高新区二次创业的主要创新源泉之一，是中国特色高等教育体系的组成部分，是大学产学研结合、为社会服务、培养创新创业人才的重要平台。一流的国家大学科技园是一流大学的重要标志之一。

为进一步贯彻党的十六大，十六届五中、六中全会精神和《中共中央、国务院关于实施科技规划纲要，增强自主创新能力的决定》，深入实施“科教兴国”战略和“人才强国”战略，深化科技、教育体制改革，推进高水平大学建设，加快科技成果转化和高新技术产业化，明确“十一五”期间国家大学科技园的指导思想、发展目标和重点任务，根据《国家中长期科学和技术发展规划纲要（2006～2020 年）》和《2003～2007 年教育振兴行动计划》所确定的有关任务，制定本纲要。

一、发展现状与形势

“十五”期间，科技部、教育部颁布了《国家大学科技园管理试行办法》、《科技部、教育部关于进一步推进国家大学科技园建设与发展的意见》，进一步完善了相关政策环境，在功能定位、动态趋势、管理体制、运行机制、评价考核、发展模式、国际比较、发展战略等问题上组织有关专家进行了深入广泛的研究和探讨，并积极推动多种形式和类型的国际合作交流。国家大学科技园事业已逐步走上健康发展的快车道。

五年多来，科技部、教育部已认定国家大学科技园 62 家，在培养创新创业人才、转化高校科技成果、孵化高新技术企业、推动高新技术产业发展、加速区域经济建设和行业技术进步以及缓解就业压力等方面发挥了重要作用。截至 2005 年底，根据对国家大学科技园的不完全统计，已转化科技成果近 3000 项，有在孵企业 5700 多家，累计毕业企业 1400 多家，获授权专利 2000 多项，提供就业岗位 7 万余个，吸引留学人员 2000 余人，大多数国家大学科技园建立了大学生创业基地和实习基地。国家大学科技园已成为各类创新要素与资源汇集、融合的新园地，一批自主创新能力强、发展势头好、为国家做出重要贡献的国家大学科技园脱颖而出。

“十五”期间，国家大学科技园事业取得了阶段性成果，但一些不利因素依然存在，如：部分地方管理部门和高校对国家大学科技园在国家创新体系中的地位及作用认识不足、相关政策的制定和落实不到位、中小企业融资渠道有限、国家大学科技园自身管理体制和运行机制不够完善等。“十一五”期间将是我国全面落实科学发展观，大力提升自主创新能力，进一步推进产业结构调整，构建和谐社会，建设创新型国家的关键时期。如何完善自身体制机制、优化自主创新环境，圆满完成各项重要任务，是新的形势对国家大学科技园事业提出的时代要求。

二、指导思想和发展原则

"十一五"期间，我国社会主义市场经济体制将进一步完善，对外开放程度将进一步提高，要充分利用日益良好的社会环境条件，抓住机遇，促进国家大学科技园保持快速、持续、健康、协调发展，为"十一五"国民经济和社会发展作出积极贡献。

（一）指导思想

以党的十六大，十六届五中、六中全会精神为指导，认真落实《中共中央、国务院关于实施科技规划纲要，增强自主创新能力的决定》，深入实施《国家中长期科学和技术发展规划纲要（2006～2020年）》，树立科学发展观，贯彻"自主创新，重点跨越，支撑发展，引领未来"的科技工作方针，培养创新创业人才，加速科技成果转化，营造创新创业环境，着力增强自主创新能力，为建设创新型国家做出贡献。

（二）发展原则

坚持"科学规划，合理布局，统筹安排，协调发展"。一是坚持国家大学科技园与依托高校的协调发展，充分利用依托高校优势学科，进行原始创新、集成创新和引进消化吸收再创新，同时推动高校学科建设和人才培养。二是坚持国家大学科技园与区域经济、地方特色和行业技术的协调发展，一方面营造各具特色的创新环境和创业文化，利用高新技术改造传统产业、发展高新技术产业；另一方面积极探索建立有利于调动地方政府、高校、研发及创业人员和各种社会力量积极性的符合社会主义市场经济规律和自身特色的管理体制和运行机制，实现可持续发展。三是坚持开放，加强国家大学科技园的国内外合作与交流，从全世界的范围集聚相关资源，增强发展潜力。四是健全创新创业人才的培养和引进机制。

三、发展目标

（一）总体目标

“十一五”期间国家大学科技园发展的总体目标是：统筹规划，合理布局，在积极发展的同时探索符合我国社会经济规律的发展模式，全面提高国家大学科技园的质量和效益，使之成为提高我国自主创新能力、促进高新技术产业化、推动区域经济发展和行业技术进步的源动力。

（二）具体目标

1. 新建一批国家大学科技园，使总数达 80 个，总孵化面积达 1000 万平方米，并力争使其中若干家成为有一定国际影响力的科技园区。继续鼓励有条件的省市及社会力量参与建设具有区域特色的地方大学科技园。

2. 积极转化科技成果，使大学科技成果转化率有大幅度提高。孵化高新技术企业 15000 家左右，其中在信息、生物、新材料等有可能实现重点突破和技术跨越的产业领域，培育 200 家左右具有较强国际竞争力的高新技术企业和一批具有自主知识产权的高新技术及产品，申请专利达到 10000 件以上。

3. 培养和引进一批高素质的科技型企业家、高层次技术人才和应用型人才，建设一支高水平、专业化的国家大学科技园管理和服务队伍，把进入国家大学科技园进行创业实践作为大学社会实践教育的重要组成部分。使国家大学科技园成为留学归国人员高度聚集的地方和大批大学生毕业前后实践、创业的基地。

四、重点任务

“十一五”期间国家大学科技园发展的重点任务是：努力做好发展规划；进一步完善管理体制和运行机制；积极拓展融资方式，加快建立多元化投融资渠道；加强与大学的互动发展，完善创新创业人才培养机制；推进科技基础设施建设，建立较完备的公共创新服务体系；努力构建有利于创新创业的人文环境，为实现发展目标创造条件。

（一）做好规划，指导国家大学科技园发展

国家大学科技园要明确发展目标，做好空间布局规划和重点培育及发展的技术领域的规划，促进产业集聚。国家大学科技园规划要与国家高新技术产业发展战略相结合，向国家高新技术产业开发区、经济技术开发区等辐射科研成果、输送科技企业家、转移科技企业；要与当地的高新区建设接轨，与区域经济及社会发展规划相适应，结合地方特色产业，推动区域经济建设和行业技术进步发展，并充分利用高新区已有的资源环境，相互促进，共同发展。

（二）不断完善管理体制和运行机制，确保国家大学科技园的可持续发展

在政府的指导和推动下，通过不断完善管理体制和运行机制，理顺与大学的关系，根据“精简高效”的原则，按照市场经济规律，建立有利于“官、产、学、研、金、介、贸”结合的管理体制；根据现代企业制度的基本要求，完善产权激励和利益分配机制；规范企业入

孵、孵成退出机制。国家大学科技园必须组建专业化的管理公司，并按照现代企业制度建立管理机制，探索国家大学科技园可持续发展的新模式。

（三）拓展融资方式，建立多元化投融资渠道

加强与金融、投资机构的合作，通过建立和引入种子基金、创业基金、风险基金和科技型中小企业技术创新基金等，吸引社会企业向园内技术创新项目和高科技中小企业投资，推动国外风险投资公司进入国家大学科技园，利用国内外证券市场和产权交易市场融通资金，建立具有中国特色的创业投资机制。

（四）结合高校特色，实现互动发展

国家大学科技园要加强与所依托高校的良性互动，促进大学文化与企业文化的融合，营造良好的创新创业氛围；建设以优势学科为依托的专业孵化器；加速对高校原始创新科技成果的转化与产业化；通过技术转移、企业孵化和创业服务，为高校的学科建设、人才培养和学生就业提供支持；通过与国内外知名企业和研发机构的合作，为高校与技术发展的国际前沿接轨创造条件；与高校共同创造有利条件，吸引包括高校师生和留学人员在内的各类创业者到园区创业，并通过创业实践和企业孵化，培育大批高层次的技术开发人才和具有创新精神和创新能力，掌握现代科技，兼具市场意识和管理才能的科技企业家。

（五）推进基础设施建设，构建创新服务体系

改善园区环境和条件，建立高效便捷的公共信息平台，完善创新

服务体系，进一步提高孵化服务能力。建设职业化、高素质的管理与服务队伍，在创业辅导、企业诊断、市场营销、投资融资、产权交易、技术支持、人才引进、人才培训、对外合作、法律咨询等方面为入园创业者提供高质量服务。

五、相关措施

“十一五”期间，科技部、教育部将积极协调相关方面，进一步加强对国家大学科技园工作的指导和支持。以加强创新创业人才培养、促进科技成果转化、推进高新技术企业孵化为中心，推动地方政府和依托高校加大对国家大学科技园的支持力度，鼓励各国家大学科技园通过技术和制度创新，激发师生创新创业的积极性、创造性，把国家大学科技园建设推向一个新的高度。

（一）加强政策研究，改善宏观指导

政府有关部门要加强战略研究和理论探索，正确把握发展方向，建立和逐步完善相应的政策体系，对国家大学科技园进行宏观指导。积极推动将国家大学科技园的发展建设纳入地方发展规划和高校中长期科学与技术发展规划，制定系统的鼓励优惠政策、措施；支持符合条件的国家大学科技园管理公司按程序认定为高新技术企业并享受有关优惠政策；完善《国家大学科技园认定和管理办法》，探索符合规律的发展模式，研究科学合理的评价办法和指标体系，实行定期评估、动态管理，把国家大学科技园的发展绩效作为对依托高校和地方科技教育管理部门评估考核的重要指标之一。

（二）加大财税支持力度，积极为拓宽投融资渠道创造条件

科技部、教育部和地方科技、教育行政管理部门及所依托的高校要积极创造条件，设立国家大学科技园发展专项。同时研究制定优惠税收政策，使国家大学科技园用于孵化的房产可享受房产税、营业税优惠。支持园内的科技企业孵化器（创业中心）成为国家高新技术创业服务中心。地方和依托高校要从领导班子组建、资金投入、用地及园区基本建设、财税、人才引进等各方面给予有力支持。积极促进金融、投资机构与国家大学科技园的合作；推动国家有关部门适时启动二级市场，创造条件推动国家大学科技园和园内高新技术企业优先上市。

（三）推进公共创新服务平台建设，推动国家大学科技园建立战略联合体

国家大学科技园专项，要用于国家大学科技园的产业化技术支撑平台、创业服务公共信息网络平台等基础条件的建设，根据对国家大学科技园的年度评估考核情况择优支持。高校要充分挖掘自身资源，积极利用社会资金，加快基础设施建设，为科技人员创新创业提供包括孵化场地、通讯网络等在内的、设备齐全的良好硬件环境。进一步推动中国大学科技园协会发展，鼓励各国家大学科技园通过中国大学科技园协会构建战略联合体。

（四）深化高校科技管理体制改革，营造良好的创业环境

高校要将国家大学科技园纳入学校整体建设与发展规划，切实加大对其建设与发展的扶持力度，进一步向国家大学科技园开放人才、

技术、装备、基地、信息等资源；完善有利于科技成果转化的分配、激励机制；改革高校内部的绩效评价与奖励制度，营造鼓励自主创新和科技成果转化的软环境。

（五）构建创业基地和实践基地，完善人才培养机制

高校应重视国家大学科技园在培养人才方面的重要作用，结合国家有关人才计划，积极探索创新人才培养新模式。在园内有针对性地布局和构建本科、研究生实习、实践、研发、创业基地，全面提升培养和汇聚创新创业人才的能力。要鼓励和支持毕业生到国家大学科技园中创业，将高校毕业生的就业压力转化为创新创业动力。加大吸引海外优秀人才入园创业的工作力度，汇集一批留学回国拔尖创业人才。

（六）促进开放合作，推动国家大学科技园的国际化发展

进一步推动国家大学科技园走“走出去－引进来”的国际化道路。拓展合作渠道和方式，推动与国内外相关机构的密切合作。积极引进国外风险投资资金。组织国家大学科技园管理人员到国外考察、培训，提高管理人员的业务素质和管理水平。

D 《国家大学科技园“十二五”发展规划纲要》

国家大学科技园是国家创新体系和中国特色高等教育体系的重要组成部分，一流的国家大学科技园是一流大学的重要标志。为贯彻《国家中长期科学和技术发展规划纲要（2006～2020年）》、《国家中长期教育改革和发展规划纲要（2010～2020 年）》和《国家中长期人才发展规划纲要（2010～2020年）》，科学指导国家大学科技园“十二五”时期的建设，制定本纲要。

一、发展现状与形势

“十一五”以来，在国务院有关部门、地方政府和大学的共同推动下，国家大学科技园的建设和发展取得了显著成效，已经成为转化高新技术成果、孵化高新技术企业、培育战略性新兴产业和高校师生创业的重要基地。

总体实力不断增强，体系初步形成。随着科技、教育体制改革的不断深化，地方政府和高校更加重视大学科技园建设，国家级、省级和高校自办的三级大学科技园体系日趋成熟。累计认定国家大学科技园 86 家，涵盖了 24 个省、自治区和直辖市的 134 所高校。

转化创新成果，孵化培育企业。国家大学科技园构建公共服务平台，集聚高校创新资源，完善转化和孵化机制，促进在孵企业提高技术创新能力。2010 年底，国家大学科技园现有可自主支配面积 814.5 万平方米，入驻在孵企业 6617 家，累计毕业企业 4364 家。2010 年，累计转化科技成果4606项，在孵企业申请专利5603项，其中发明专利2333项。

发挥高校优势，促进区域经济发展。国家大学科技园面向产业发展需求，依托高校技术和人才优势，创新产学研用合作模式，与地方共建产业化基地，较好地满足了地方对科技的迫切需求，支撑区域经济发展的作用日益显现，带动区域经济发展的机制不断完善，促进了区域经济健康快速发展。

集聚和培养创新人才，促进大学生创业就业。国家大学科技园努力营造良好环境，制定激励措施，吸引高水平人才入园兴办企业。建立了高校学生科技创业实习基地，支持学生来园创业实践，形成了校区园区互动的人才培养模式，提高了高校人才培养质量，认定了41家国家大学科技园为高校学生科技创业实习基地。

探索发展模式，优化发展环境。逐渐形成了一校一园、多校一园、校府共建等模式，有效整合了各类创新资源，促进科技园的快速成长。加强制度建设，制定了《国家大学科技园评价指导意见》，修订了《国家大学科技园认定和管理办法》，启动了大学科技园绩效评价和统计工作，实现规范化、动态化管理。国务院有关部门出台了税收优惠政策。

“十二五”期间，是我国深入贯彻落实科学发展观，加快转变经济发展方式，促进产业结构调整，全面提升自主创新能力，建设创新型国家的攻坚期。探索并完善科学管理体制与高效运营机制，发挥国家大学科技园科技创新平台的综合优势，是新形势对国家大学科技园提出的新要求。

二、指导思想和发展原则

1. 指导思想

坚持以邓小平理论、“三个代表”重要思想为指导，全面贯彻科学发展观，认真落实《国家中长期科学和技术发展规划纲要（2006～2020年）》、《国家中长期教育改革和发展规划纲要（2010～2020年）》和《国家中长期人才发展规划纲要（2010～2020年）》，深化改革，不断提升服务能力，加快科技成果转化和产业化，推动高校师生创业和人才培养，促进高校创新资源支撑区域经济发展，把国家大学科技园建设成为科技教育经济有机结合的示范载体，成为国家创新体系建设的重要支撑。

2. 发展原则

科学规划，建立有利于政府、高校、企业、研发与创业人员等各种力量参与国家大学科技园发展的有效机制，实现国家大学科技园的持续发展；

规范运营，积极探索符合社会主义市场经济规律的管理体制和运行机制，强化科技园作为高校服务社会的平台功能，建设具有中国特色的国家大学科技园；

动态管理，完善以提高国家大学科技园办园质量和效益为目的的动态管理机制，加强绩效评价和政策引导，促进国家大学科技园的又好又快发展；

协调发展，依托高校的优势学科，面向区域重点产业，形成园区的特色与优势，推动高校学科建设和创新创业人才培养，实现国家大学科技园与依托高校、区域经济社会的协调发展。

3. 发展目标

“十二五”期间，国家大学科技园应以增强自主创新能力为核心，以促进高校科技成果转化、促进创新创业人才培养、促进区域经济发展为重点，努力建设成为高校科研成果转化与产业化的重要渠道，高新技术企业和战略性新兴产业培育的重要载体，促进区域经济实现创新驱动发展的重要支撑，大学创新创业教育和高层次创新创业人才培养的重要基地。

2015年，全国大学科技园总数达到200家，三级体系进一步完善。国家大学科技园总数达到100家，园区可自主支配面积达到1000万平方米，依托专业服务机构总数达到1000家，在孵企业8000家。“十二五”期间，累计毕业企业5000家，服务企业10万家，转化科技成果10000项，培育创新创业人才10万人，依托国家大学科技园的学生科技创业实习基地80家，培育学生科技创业企业3000家。

三、重点任务

“十二五”期间，国家大学科技园要充分发挥依托高校的创新优势，围绕优势学科，促进技术转移和成果转化，推动高校师生的科技创业，提升服务能力，培育创新创业人才；集聚服务资源，面向区域经济发展的重点产业，加速创新要素对接和互动，促进产业集群、创新集群和战略性新兴产业的培育。

1. 发挥高校优势，加快成果转化

主要任务：依靠高校特色资源，建立各类专业技术创新服务平台，包括校企合作的技术研发机构、专业技术咨询与服务机构、特色教育培训机构、信息交流与评估机构、学生创业与兼职服务机构等，建立行业网络服务平台。引导国家大学科技园加强企业需求与技术供给对接、科技成果与金融资本对接、创新人才与科技型企业对接，不断改进和完善国家大学科技园的综合服务水平。鼓励国家大学科技园建立区域性战略联盟和业务联盟，加强联系与协作，形成区域创新要素的集聚效应和集群优势。

具体举措：加大对国家大学科技园专业技术创新服务平台建设支持力度；推动国家大学科技园区域联盟和业务联盟建设，继续支持北京、上海联盟建设，探索建立东北、西北、西南、中部等区域联盟和专业化的业务联盟，加强工作交流和合作。

2. 整合创新资源，培育企业成长

主要任务：完善创新服务体系，扩大高校资源向在园企业的开放程度，整合校内研发力量，建立研发设计等公共服务平台，鼓励中小企业建立研发机构，或与高校联合建立研发机构，提升企业的创新能力。优化创业环境，吸引创业服务机构入园新建机构或设立分支机构，解决企业在运行管理、市场开发、资质认证等方面的问题，培育一批科技型中小企业。深化与金融、投资机构的合作，探索建立投融资服务平台，通过借贷、入股、担保等方式为在园企业发展提供优质服务。探索孵化创意、设计、科技服务等新兴领域的企业，培育新的竞争力和创新活力。

具体举措：支持国家大学科技园培育特色鲜明的产业集群，探索科技服务新业态，引导其参与科技服务业专项行动。

3. 加强人才培养，促进创业就业

主要任务：强化培养创新创业人才的功能，利用园区浓厚的创新文化、丰富的创新资源和良好的创新环境等优势，建设高校学生科技创业实习基地。探索设立学生科技创业基金，支持园区企业接纳学生实习和就业，支持学生到园区开展创新创业活动，以创业带动就业。引导和鼓励高校学生到园区进行创业和创新实践活动，通过设立高校学生创业资助基金等形式，对学生创办的科技型企业提供资助，对已经从事创新创业的高校毕业生，提供人事代理等服务，吸纳更多创业人才在园区创业。

具体举措：建设150家高校学生科技创业实习基地；依托国家大学科技园，认定80家高校学生科技创业实习基地。

4. 服务区域产业，支撑经济发展

主要任务：围绕区域产业发展的重点领域和环节，充分发挥人才、技术、信息等方面的资源优势，加强与高新区、高新技术产业化基地、特色产业基地等产业集群的合作。建设技术创新公共服务平台，促进共性关键技术研发攻关，推广应用先进适用技术，创新运行机制，提高平台的专业化和市场化服务能力。发挥依托高校的科研优势，推动企业和高校开展技术合作，建立一批产业技术创新战略联盟。完善技术转移和成果转化服务模式，加快高校技术转移，加速科技成果产业化，提升产业竞争力。

具体举措：组织实施国家大学科技园促进高校科技成果转化、促进创新创业人才培养、促进区域经济发展专项行动（即“三促进”行动），重点建设一批示范科技园。

5. 探索有效模式，提升自身实力

主要任务：完善管理体制和运行机制，积极探索以市场为手段，以服务社会为目的的国家大学科技园运营机制。促进国家大学科技园从硬件环境建设向软硬件环境建设并举转变，从常规性服务向专业化服务转变。鼓励国家大学科技园建立一支专业化的创新创业服务队伍。探索并逐步建立优势互补、特色突出的科技创新资源共享机制，提高国家大学科技园的发展水平，提升区域创新活动的成效和质量。加强国家大学科技园的国际合作与交流，加快国家大学科技园的国际化发展步伐。完善国家大学科技园的绩效评价指标体系，以评价指标体系为导向，加强分类指导，完善动态管理机制。

具体举措：做好绩效评价，完善统计年报制度，加强园区管理人员培训工作、制定行业服务标准。

四、保障措施

1. 科技部、教育部将进一步加强对大学科技园的宏观管理和业务指导，纳入国家科技、教育的相关规划；加大对国家大学科技园的扶持力度，优先在相关科技计划中予以支持；会同有关部门，研究支持国家大学科技园发展的相关政策措施，继续推进税收优惠等扶持政策。

2. 地方科技、教育行政部门要将国家大学科技园纳入相关规划和计划，加强对大学科技园的指导和管理，加大支持力度。鼓励大学科技园较多的地方根据本规划，制定本地区大学科技园发展规划。

3. 有关大学应加强领导，把国家大学科技园的发展纳入学校整体规划，强化国家大学科技园在科技成果转化中的职能，在政策、资源、人力配置等方面予以支持，积极创造条件，开放学校科技、教育、人才、设备等资源。

4. 完善沟通交流机制。建立信息交流平台，促进国家大学科技园与国内外科技园区及相关机构合作。筹建国家大学科技园协会，充分发挥协会或其他组织的作用，促进业务交流和行业自律。鼓励多种形式举办相关研讨会和专业性论坛。

E 《国家大学科技园认定和管理办法》

第一章 总则

第一条 为贯彻落实《国家中长期科学和技术发展规划纲要（2006～2020 年）》、《国家中长期教育改革和发展规划纲要（2010～2020 年）》以及《国家中长期人才发展规划纲要（2010～2020 年）》，深化科技和教育体制改革，提高自主创新能力，加快科技成果转化和产业化，加强和规范国家大学科技园建设和运行管理，根据《国务院关于实施〈国家中长期科学和技术发展规划纲要（2006～2020 年）〉的若干配套政策的通知》（国发［2006］6 号），制定本办法。

第二条 国家大学科技园是以具有较强科研实力的大学为依托，将大学的综合智力资源优势与其它社会优势资源相结合，为推动大学产学研结合、技术转移和科技成果转化、高新技术企业孵化、战略性新兴产业培育、创新创业人才培养、服务区域经济提供支撑的平台和服务的机构。

第三条 国务院科技和教育行政管理部门负责对国家大学科技园进行宏观管理和指导；各省、自治区、直辖市、计划单列市的科技、教育行政管理部门负责对本地区国家大学科技园进行管理和指导；高校是国家大学科技园建设发展的主要依托单位。

第二章 功能与定位

第四条 国家大学科技园是国家创新体系的重要组成部分，是中国特色高等教育体系的重要组成部分；是自主创新的重要基地、产学研合作的示范基地、高校师生创业的实践基地、战略性新兴产业的培育基地；是高校技术转移和科技成果转化、创业企业孵化、创新创业人才培养的综合性科技创新平台。一流国家大学科技园是一流大学的重要标志之一。

第五条 国家大学科技园是高校实现产学研结合及社会服务功能的重要通道。主要功能是充分利用高校的人才、学科和技术优势，孵化科技型中小企业,加速高校技术转移和科技成果的转化与产业化，开展创业实践，培育高层次的技术、经营和管理人才。

第六条 国家大学科技园是为科技企业创新创业提供条件和增值服务的机构。要大力提高创业辅导、技术平台等孵化条件和技术转移能力，不断完善人力资源、市场开拓、法律财税等专业服务能力，重点改善园区金融投资的环境与能力，拓展大学科技园的融资服务渠道。

第七条 国家大学科技园是支撑战略性新兴产业发展的重要平台。将高校资源优势与地方特色产业相结合，通过与地方共建技术平台和中试基地，面向产业需求开展技术研发与应用转化，为提升产业竞争力、培育战略性新兴产业、发展区域经济提供支撑。

第三章 认定与管理

第八条 各省、自治区、直辖市、计划单列市的大学科技园，由省级科技和教育行政管理部门向国务院科技和教育行政管理部门提出国家大学科技园认定申请，并提交《国家大学科技园认定申请报告》

（报告提纲见附件）；国务院科技和教育行政管理部门组织专家组对其进行评估，根据专家组评估意见予以认定。《国家大学科技园认定申请报告》的内容和数据应可核查。

第九条　申请认定国家大学科技园，应具备以下条件：

1. 必须以具有较强科研实力的大学为依托，具有完整的发展规划，发展方向明确。

2. 必须有具备独立法人资格的专业化管理机构，实际运营时间在2年以上，经营状况良好。

3. 有专门的经营管理团队，管理人员中本科以上学历占85%以上。

4. 具有边界清晰、布局相对集中、法律关系明确、固定区域不超过3个、面积达15000平米以上的可自主支配场地；提供给孵化企业使用的场地面积应占科技园可自主支配面积的60%及以上。

5. 园内的在孵企业达50家以上。

6. 为社会提供1000个以上的就业机会。

7. 大学科技园50%以上的企业在技术、成果、技术转移和人才方面与依托高校有实质性关联。

8. 园区内有风险投资、金融机构进驻，园区筹措设立的种子资金不低于500万元，并至少有3个以上投资案例。

9. 园区建有高校学生科技创业实习基地，为大学生创业实习提供场地、资金、服务等方面的支持。

10. 地方政府和依托高校应有支持大学科技园发展的具体政策，

依托高校的资源向大学科技园开放。

11. 管理规范，具有严格的财务管理制度，自身及在孵、在园企业的统计数据齐全。

第十条 国家大学科技园在孵企业应具备以下条件：

1. 企业注册地及主要研发、办公场所必须在大学科技园工作场地内。

2. 申请进入大学科技园的企业，成立时间不超过 3 年。

3. 迁入的企业，上年营业收入不超过 500 万元。

4. 企业在大学科技园的孵化时间不超过 42 个月（海外高层次创业人才或从事生物医药、集成电路设计等特殊领域的创业企业，不超过 60 个月）。

5. 企业成立时注册资金中扣除“知识产权”出资后，现金部分不超过 500 万元人民币（属海外高层次创业人才或从事生物医药、集成电路设计等特殊领域的创业企业，现金部分不超过 1000 万元人民币）；

6. 单一在孵企业使用的孵化场地面积不大于 1000 平方米；从事航空航天、现代农业等特殊领域的单一在孵企业，不大于 3000 平方米；

7. 企业研发的项目（产品），知识产权界定清晰；

8. 企业团队具有一定的经营管理能力。留学生、大学生企业的团队主要管理者或技术带头人，由其本人担任。

第十一条 国家大学科技园实施统计年报制度。国务院科技和教育行政管理部门委托有关机构负责统计数据的收集和整理，各国家大学科技园应在每年的 3 月 3 1 日前将上年度的建设发展绩效统计报表报送指定的机构，并同时抄报所在省级科技和教育行政管理部门。

第十二条 国务院科技和教育行政管理部门定期对国家大学科技园进行考核，实行动态管理。对达不到考核条件的国家大学科技园，限期整改；在规定期限内整改后仍达不到考核条件的，不再列为国家大学科技园。不再列为国家大学科技园的，待具备条件时，可按照本办法的规定申请认定。

第四章 政策与措施

第十三条 科技部、教育部会同有关部门，进一步研究支持国家大学科技园发展的相关政策、法规，制定科学合理的指标体系和评价办法，继续推进国家大学科技园税收扶持等政策。

第十四条 科技部、教育部负责宏观管理和指导国家大学科技园的建设、运行和发展，组织制定支持国家大学科技园建设与发展的方针、政策，编制国家大学科技园发展规划，把国家大学科技园的工作纳入国家科技和教育发展计划。根据建设发展绩效，对成绩突出的国家大学科技园给予支持。

第十五条 各省、自治区、直辖市和计划单列市人民政府的科技和教育行政部门应贯彻执行支持国家大学科技园建设和发展的各项方针和政策，将国家大学科技园工作纳入当地科技和教育发展规划，为国家大学科技园建设和发展提供必要的支持，并将国家有关优惠政策落实到国家大学科技园管理机构及其在孵、在园企业。

第十六条 高校要将国家大学科技园的建设与发展纳入学校整体建设与发展规划，在大学科技园规划、建设与发展中发挥核心作用。

制定和落实相应的激励政策，向国家大学科技园开放学校的各种资源，鼓励师生到园区创业，并在园区内构建学生实习和实践基地，鼓励把国家大学科技园创业教育纳入学校的教学体系，使国家大学科技园成为高校科技成果转化与产业化的重要基地。

第十七条　推动建立大学科技园信息平台，鼓励组建大学科技园协会组织或区域性战略联盟，加强国家大学科技园之间的交流与合作，加强行业自律，促进大学科技园事业规范健康发展。

第五章　附则

第十八条　各省、自治区、直辖市和计划单列市的科技、教育行政管理部门可参照本办法制定相应的实施办法和细则。

第十九条　本办法由国务院科技和教育行政管理部门负责解释，自发布之日生效，2006 年 11 月 24 日发布的《国家大学科技园认定和管理办法》同时废止。

《国家大学科技园认定申请报告》提纲

1. 大学科技园发展规划：包括整体规划内容、与区域经济或行业技术发展规划的协调性、与依托大学发展规划的协调性。

2. 创新创业环境：包括硬件基础设施环境，以及创业孵化体系、技术转移体系、投融资体系等软件环境。

3. 科技园发展绩效情况：包括园区内各类企业综合情况、技术研发、技术转移、企业成长和风险投资情况、以及大学生就业实践基地情况，成果转化能力、自主创新能力、对依托大学的贡献、对区域产业发展的贡献、从业人员的素质及水平情况等，并提供若干个典型的孵化企业、技术转移或风险投资的案例。

4. 科技园管理水平：包括科技园的机构设置和管理团队、管理体制和运行机制。

5. 依托高校的支持情况：包括政策制定与落实情况、资源开放程度、对科技园的投入情况。

6. 地方政府的支持情况：包括政策的制定与落实情况、对科技园的投入情况。

7. 建设特色和创新点：如根据学校专业设置的特点、行业特色、区域特色等因地制宜、积极发展。

F 《国家大学科技园评价指导意见》

一、指导思想

为进一步贯彻《国家中长期科学和技术发展规划纲要（2006～2020年）》、《国家中长期教育改革和发展规划纲要（2010～2020年）》以及《国家中长期人才发展规划纲要（2010～2020年）》，加快建立产学研结合的自主创新体系，充分发挥国家大学科技园综合性科技创新平台的优势，提高国家大学科技园发展水平和自主创新能力，加强和规范国家大学科技园管理，根据《国家大学科技园认定和管理办法》的要求，科技部、教育部组织制定了《国家大学科技园评价指导意见》，用于国家大学科技园发展绩效评价。

二、评价目的

1. 全面评价国家大学科技园的工作绩效，加强国家大学科技园的管理及分类指导，促进国家大学科技园健康、快速发展。

2. 积极引导国家大学科技园的发展，增强国家大学科技园的创新能力和服务能力。

3. 客观反映国家大学科技园的办园成效，为政府部门、大学和地方政府制定相关支持政策提供依据。

三、评价原则

1. 导向性原则。评价指导意见立足国家战略要求，围绕产学研结合创新的基本目标，以发展能力建设为基础，以发展绩效为导向。

2. 可操作性原则。评价指导意见类别设置合理、评价指标内涵清晰、便于判断，有关数据易于采集，且符合国家统计指标。

3. 客观公正原则。评价指导意见考虑到各园区条件或规模的差异性，以加强分类评价，充分体现客观、公正、鼓励发展的战略意图。

4. 动态调整原则。评价指导意见随着国家大学科技园的发展和完善，可以进行相应的调整，以适应不同评价时段的差异。

四、评价工作的组织

1. 科技部、教育部作为国家大学科技园的主管部门，负责组织实施国家大学科技园的评价工作，确定评价时间，聘请评价专家，审定专家组的评价意见，确定并公布评价结果。

2. 评价专家组根据两部的委托和要求，具体负责评价工作。收集、核实有关评价信息，听取评价对象的报告和答辩，进行现场考察，在认真评议的基础上，向两部提交评估意见。

3. 具体的评价工作分为两个阶段：第一阶段为基础条件复核评价，根据各国家大学科技园上报的有关评价资料和数据，复核其是否具备《国家大学科技园认定和管理办法》的基本条件；第二阶段为发展绩效评价，对通过复核评价的国家大学科技园进行发展绩效评价。

4. 被评价的国家大学科技园应按规定的内容和时限，如实上报有关评价资料和数据，向专家组现场汇报，接受专家组的现场考察和质询，配合专家组的工作。

5. 省、自治区、直辖市科技、教育行政部门负责组织协调本地区国家大学科技园接受两部组织的绩效评价工作。

6. 依托高校在地方、教育行政部门的领导下，督促、协助大学科技园做好各项准备工作，保证评价过程的顺利进行。

五、评价结果及发布

两部综合考虑专家组的评价意见，审核并确定大学科技园的评价结论，发布评价结果。

1. 国家大学科技园评价结果分为四个等级，即 A、B、C、D。A 为优秀，B 为良好，C 为整改，D 为摘牌。

2. 第一阶段的基础条件复核评价是决定大学科技园是否参加绩效评价的前提，评价结果分为合格与不合格。基础条件复核评价不合格的大学科技园，评价结果等级为 D。两部根据复核评价结果，发文公布国家大学科技园参加第二阶段发展绩效评价的大学科技园名单。

3. 第二阶段发展绩效评价是对国家大学科技园办园绩效的综合评价，评价结果分为三个等级：A、B、C。两部根据两个阶段的评价结果，发文公布国家大学科技园评价结果。

4. 两部根据评价结果，将对评价结果为 A 的国家大学科技园在有关国家科技计划中给予支持；对评价结果为 C 的国家大学科技园责成其对评价中反映出的问题进行限期整改；对评价结果为 D 的国家大学科技园予以摘牌。

5. 鉴于各国家大学科技园在发展中存在的客观差异，鼓励不同的发展模式与特色，根据一级指标的单项评价结果，发布单项评价结果为 A 的大学科技园名单。

国家大学科技园发展绩效评价指标体系

一级指标	权重	二级指标	指标特性	权重
园区服务与运营	20	创业公共服务体系	定性	6
		技术服务与转移体系	定性	4
		股权结构与运营管理	定性	5
		服务支出占总支出的比例	定量	5
创新绩效	18	园区企业平均新增自主知识产权数	定量	6
		园区内高新技术企业所占比例	定量	6
		园区企业研发经费总投入占总收入比例	定量	6
成果转化能力	17	转化高校科技成果数	定量	5
		园区依托高校成果创办的企业数	定量	6
		园区与学校科研管理部门的联动	定性	6
孵化绩效	15	在孵企业数	定量	5
		年度毕业率	定量	5
		在孵企业获得的平均融资额	定量	5
人才培养与集聚	16	高校学生进入科技园实习/实践人天数	定量	4
		园区学生创业企业数	定量	4
		接纳应届高校毕业生就业人数	定量	5
		园区引进的海外高层次人才数	定量	3
社会贡献	14	对依托高校的贡献	定性	7
		对地方经济的贡献	定性	7

注：指标解释和评价计分方法（略）。

G 国家大学科技园名单

一、2001年首批认定的国家大学科技园名单

序号	所在地	国家大学科技园名称	所依托高校	总序号
1	北京	清华大学国家大学科技园	清华大学	1
2	北京	北京大学国家大学科技园	北京大学	2
3	天津	天津大学国家大学科技园	天津大学	3
4	沈阳	东北大学国家大学科技园	东北大学	4
5	哈尔滨	哈尔滨工业大学国家大学科技园	哈尔滨工业大学	5
6	上海	上海交通大学国家大学科技园	上海交通大学	6
7	上海	复旦大学国家大学科技园	复旦大学	7
8	南京	东南大学国家大学科技园	东南大学	8
9	南京	南京大学—鼓楼高校国家大学科技园	南京大学	9
			河海大学	
			中国药科大学	
10	杭州	浙江大学国家大学科技园	浙江大学	10
11	合肥	合肥国家大学科技园	中国科技大学	11
			合肥工业大学	
			安徽大学	
12	济南	山东大学国家大学科技园	山东大学	12
13	武汉	东湖高新区国家大学科技园	武汉大学	13
			华中科技大学	
			武汉理工大学	
			华中农业大学	
14	长沙	岳麓山国家大学科技园	中南大学	14
			湖南大学	
			国防科技大学	
15	广州	华南理工大学国家大学科技园	华南理工大学	15
16	成都	四川大学国家大学科技园	四川大学	16

续表

序号	所在地	国家大学科技园名称	所依托高校	总序号
17	成都	电子科技大学国家大学科技园	电子科技大学	17
18	重庆	重庆大学国家大学科技园	重庆大学	18
19	昆明	云南省国家大学科技园	云南大学	19
			昆明工业大学	
			云南农业大学	
20	西安	西安交通大学国家大学科技园	西安交通大学	20
21	西安	西北工业大学国家大学科技园	西北工业大学	21
22	杨凌	西北农林科技大学国家大学科技园	西北农林科技大学	22

二、2003年第二批认定的国家大学科技园名单

序号	所在地	国家大学科技园名称	依托单位	总序号
1	深圳	深圳虚拟大学园国家大学科技园	清华大学	23
			北京大学等	
2	上海	上海大学国家大学科技园	上海大学	24
3	天津	南开大学国家大学科技园	南开大学	25
4	上海	同济大学国家大学科技园	同济大学	26
5	秦皇岛	燕山大学国家大学科技园	燕山大学	27
6	南京	南京理工大学国家大学科技园	南京理工大学	28
7	哈尔滨	哈尔滨工程大学国家大学科技园	哈尔滨工程大学	29
8	上海	东华大学国家大学科技园	东华大学	30
9	北京	北京航空航天大学国家大学科技园	北京航空航天大学	31
10	长春	吉林大学国家大学科技园	吉林大学	32
11	北京	北京理工大学国家大学科技园	北京理工大学	33
12	北京	北京邮电大学国家大学科技园	北京邮电大学	34
13	北京	北师大－北中医国家大学科技园	北京师范大学	35
			北京中医药大学	
14	绵阳	西南科技大学国家大学科技园	西南科技大学	36

三、2004年第三批认定的国家大学科技园名单

序号	所在地	国家大学科技园名称	依托高校	总序号
1	大连	七贤岭国家大学科技园	大连理工大学	37
2	南昌	南昌大学国家大学科技园	南昌大学	38
3	北京	北京化工大学国家大学科技园	北京化工大学	39
4	兰州	兰州大学国家大学科技园	兰州大学	40
5	重庆	重庆市北碚国家大学科技园	西南大学	41
6	郑州	河南省国家大学科技园	郑州大学等	42

四、2005年第四批认定的国家大学科技园名单

序号	所在地	国家大学科技园名称	依托单位	总序号
1	北京	北京科技大学国家大学科技园	北京科技大学	43
2	北京	北京工业大学国家大学科技园	北京工业大学	44
3	上海	华东理工大学国家大学科技园	华东理工大学	45
4	浙江	浙江省国家大学科技园	浙江工业大学	46
			浙江理工大学	
			中国计量学院	
5	福建	厦门大学国家大学科技园	厦门大学	47
6	山东	中国石油大学国家大学科技园	中国石油大学	48
7	四川	西南交通大学国家大学科技园	西南交通大学	49
8	新疆	新疆大学国家大学科技园	新疆大学	50
			新疆农业大学	
			新疆医科大学	

五、2006年第五批认定的国家大学科技园名单

序号	所在地	国家大学科技园名称	依托高校	总序号
1	北京	中国农业大学国家大学科技园	中国农业大学	51
2	北京	华北电力大学国家大学科技园	华北电力大学	52
3	北京	北京交通大学国家大学科技园	北京交通大学	53
4	天津	河北工业大学国家大学科技园	河北工业大学	54

续表

序号	所在地	国家大学科技园名称	依托高校	总序号
5	辽宁	沈阳工业大学国家大学科技园	沈阳工业大学	55
6	上海	华东师范大学国家大学科技园	华东师范大学	56
7	上海	上海理工大学国家大学科技园	上海理工大学	57
8	江苏	中国矿业大学国家大学科技园	中国矿业大学	58
9	江苏	江南大学国家大学科技园	江南大学	59
10	广东	中山大学国家大学科技园	中山大学	60
11	陕西	西安电子科技大学国家大学科技园	西安电子科技大学	61
12	甘肃	兰州交通大学国家大学科技园	兰州大学	62

六、2008年第六批认定的国家大学科技园名单

序号	所在地	国家大学科技园名称	依托单位	总序号
1	北京	中国人民大学国家大学科技园	中国人民大学	63
2	太原	山西中北大学国家大学科技园	中北大学	64
3	哈尔滨	哈尔滨理工大学国家大学科技园	哈尔滨理工大学	65
4	上海	上海财经大学国家大学科技园	上海财经大学	66
5	上海	上海电力学院国家大学科技园	上海电力学院	67
6	南京	南京工业大学国家大学科技园	南京工业大学	68
7	常州	常州市国家大学科技园	南京大学 东南大学 常州大学 河海大学 江苏技术师范学院 常州工学院 常州信息职业技术学院 常州工程职业技术学院 常州轻工职业技术学院 常州机电职业技术学院 常州纺织服装职业技术学院	69

七、2009年第七批认定的国家大学科技园名单

序号	所在地	国家大学科技园名称	依托单位	总序号
1	大庆	大庆石油大学国家大学科技园	大庆石油大学	70
2	苏州	苏州大学国家大学科技园	苏州大学	71
3	镇江	镇江国家大学科技园	江苏大学	72
			江苏科技大学	
4	武汉	华中科技的大学国家大学科技园	华中科技大学	73
5	昆明	昆明理工大学国家大学科技园	昆明理工大学	74
6	兰州	兰州理工大学国家大学科技园	兰州理工大学	75
7	宁波	宁波市国家大学科技园	宁波大学	76
			宁波工程学院	
			浙江纺织服装职业技术学院	

八、2010年第八批认定的国家大学科技园名单

序号	所在地	国家大学科技园名称	依托高校	总序号
1	长沙市	湖南大学国家大学科技园	湖南大学	77
2	青岛市	青岛国家大学科技园	中国海洋大学	78
		青岛国家大学科技园	青岛大学	
		青岛国家大学科技园	青岛科技大学	
		青岛国家大学科技园	青岛理工大学	
		青岛国家大学科技园	青岛农业大学	
3	北京市	中国矿业大学（北京）国家大学科技园	中国矿业大学（北京）	79
4	武汉市	武汉大学国家大学科技园	武汉大学	80
5	沈阳市	辽宁工程技术大学国家大学科技园	辽宁工程技术大学	81
6	常熟市	常熟国家大学科技园	南京大学常州高新技术研究院	82
		常熟国家大学科技园	东南大学常州研究院	
		常熟国家大学科技园	常州九所高校［见69号］	

续表

序号	所在地	国家大学科技园名称	依托高校	总序号
7	杭州市	中国美术学院国家大学科技园	中国美术学院	83
8	上海市	上海工程技术大学国家大学科技园	上海工程技术大学	84
9	苏州市	苏州纳米技术国家大学科技园	苏州纳米所、东南大学、中国科技大学	85
10	鞍山市	辽宁科技大学国家大学科技园	辽宁科技大学	86

九、2013 年第九批认定的国家大学科技园名单

序号	所在地	国家大学科技园名称	依托高校	总序号
1	长春市	长春理工大学科技园	长春理工大学	87
2	吉林市	东北电力大学科技园	东北电力大学	88
3	大连市	大连交通大学科技园	大连交通大学	89
4	青岛市	山东科技大学科技园	山东科技大学	90
5	南昌市	江西师范大学科技园	江西师范大学	91
6	上海市	上海海洋大学科技园	上海海洋大学、	92
7	上海市	上海体育学院科技园	上海体育学院	93
8	温州市	温州市大学科技园	温州科技职业学院 浙江工贸职业技术学院 温州职业技术学院 温州大学 温州医学院	94
9	成都市	西南石油大学科技园	西南石油大学	95

资料来源：科技部、教育部网站。

主要参考文献

[1]中共中央国务院.《关于加强技术创新，发展高科技，实现产业化的决定》中发[1999]14 号. 1999-8-20

[2]国务院.《国家中长期科学和技术发展规划纲要（2006～2020年）》（国发[2005]44 号）. 2005-12-26

[3]中共中央国务院.《中共中央、国务院关于实施科技规划纲要，增强自主创新能力的决定》（中发〔2006〕4 号）. 2006-1-26

[4]科技部，教育部.《关于组织开展大学科技园建设试点的通知》（国科发高字[1999]385 号）. 1999-12-02

[5]科技部，教育部.《国家大学科技园管理试行办法》（国科发高字[2000]530 号）. 2000-11-27

[6]科技部，教育部.《国家大学科技园认定和管理办法》（国科发高字[2006]487 号）. 2006-11-24

[7]科技部，教育部.《国家大学科技园认定和管理办法》（国科发高［2010］628 号）. 2010-10-15

[8]科学技术部高新司，教育部科技司.《关于开展国家大学科技

园评估（验收）的通知》（国科高函[2003]17号）. 2003-4-14

[9]科技部，教育部.《国家大学科技园“十五”发展规划纲要》（国科发高字[2001]184号）. 2001-6-6

[10]科技部，教育部.《国家大学科技园“十一五”发展规划纲要》（国科发高字[2006]496号）. 2006-12-6

[11]科技部，教育部.《国家大学科技园“十二五”发展规划纲要》（国科发高〔2011〕362号）. 2011-8-5

[12]财政部，国家税务总局.《关于国家大学科技园有关税收政策问题的通知》（财税[2007]120号）. 2007-8-20

[13]财政部，国家税务总局.《关于国家大学科技园税收政策的通知》（财税〔2013〕118号）. 2013-12-31

[14]财政部，海关总署，国家税务总局.《关于研发机构采购设备税收政策的通知》（财税[2009]115号）. 2009-10-10

[15]财政部，商务部，海关总署，国家税务总局.《关于继续执行研发机构采购设备税收政策的通知》（财税[2011]88号）. 2011-10-10

[16]国务院办公厅. 国务院办公厅关于强化企业技术创新主体地位全面提升企业创新能力的意见（国办发〔2013〕8号）. 2013-1-28

[17]张仁侠. 研究与开发战略. 广州：广东经济出版社，1998

[18][日]长广仁藏著. 研究与开发（研发）活动的运营与定量评价——新商品的开发手段. 中田庆雄审译. 上海：复旦大学出版社，1999

[19][英]经济学家情报社 EIU. 跨国公司在中国——赢家与输家

（Multinational Companies in China Winners And Losers）. 北京：新华出版社，2000

[20]王洛林. 2000 年中国外商投资报告. 北京：中国财政经济出版社，2000

[21]王志乐. 2001 跨国公司在中国投资报告. 北京：中国经济出版社，2001

[22]杜德斌. 跨国公司研发机构全球化的区位模式研究. 上海：复旦大学出版社，2001

[23][英]克利斯·弗里曼，罗克·苏特著. 工业创新经济学. 华宏勋，华宏慈等译. 北京：北京大学出版社，2004

[24]李安方. 跨国公司研发全球化——理论、效应与中国的对策研究. 北京：人民出版社，2004

[25]联合国贸易和发展组织. 世界投资报告 2005 跨国公司和研发国际化. 北京：中国财经出版社，2006

[26]中国教育年鉴编辑部. 2008 年中国教育年鉴. 北京：人民教育出版社，2008

[27]苏竣，何晋秋. 大学与产业合作关系——中国大学知识创新及科技产业研究. 北京：中国人民大学出版社，2009

[28]崔新建. 外资研发中心的现状及政策建议. 北京：人民出版社，2011

[29]章文光. 跨国公司在华投资“研发中心”的现状与对策建议. 北京：北京师范大学出版社，2011

[30]李佳师. 融合熵变——跨国公司未来研发布局. 北京：机械工业出版社，2011

[31]联合国贸易和发展组织. 世界投资报告 2012. 北京：经济管理出版社，2012

[32]葛继平，林莉，姜昱汐，尉桂华. 中国大学科技园：功能、管理与创新研究. 北京：经济科学出版社，2013

[33]G. 卡斯特尔. 斯坦福大学的成功之道. 高等教育研究，1999（3）

[34]仇向洋. 硅谷成功的经验及其对我们的启示. 东南大学学报，1999（4）

[35]翁君奕. 美中日高校技术转移激励政策比较. 高等教育研究，2000（4）

[36]江小涓. 跨国公司在华投资企业的研发行为. 科技导报，2000（9）

[37]冼国明，葛顺奇. 跨国公司研发的国际化战略. 世界经济，2000（10）

[38]薛澜，王书贵，沈群红. 跨国公司在中国设立研发机构影响因素分析. 科研管理，2001（7）

[39]薛澜，沈群红，王书贵. 跨国公司研发机构：挑战与对策. 瞭望周刊，2001（22）

[40]杜德斌. 跨国研发投资的宏观区位选择. 世界地理研究，2001（6）

[41]徐井宏. 试论大学科技园的发展战略. 清华大学学报（哲学社会科学版），2003（1）

[42]楚天骄，杜德斌. 世界主要国家（地区）研发投资环境评价. 软科学，2005（3）

[43]郭利平. 跨国公司研发的全球化动力机制和中国的战略对策. 财贸研究，2005（1）

[44]吴小玉. 大学科技园发展趋势. 中国科技投资，2006（10）

[45]王晓雪，屠梅曾. 跨国公司与大学科技园的互动关系. 哈尔滨理工大学学报，2006（6）

[46]陈海平. 大学科技园催化高校科技成果产业化进程. 科技创业月刊，2006（4）

[47]郝莹莹，杜德斌，智瑞芝. 利用跨国公司提升本国研发能力——韩国与新加坡的经验与启示. 亚太经济，2006（6）

[48]杜德斌，周天瑜，王勇，盛垒. 世界研发产业的发展现状及趋势. 世界地理研究，2007（16）

[49]何晋秋. 充分发挥大学科技园的优势提高我国自主创新能力——我国大学科技园建设的成绩/问题和改进措施. 科学新闻，2007（3）

[50]代瑞红，田敏. 跨国研发对中关村区域创新系统的影响分析. 河北大学学报（哲学社会科学版），2009（6）

[51]金海燕，姚敬伟. 大学科技园的核心竞争力及现状研究. 中国高校科技与产业化，2010（3）

[52]玄兆辉，吕永波. 中国企业研发投入现状与问题研究. 中国科技论坛，2013（6）

[53]科技部高新技术发展及产业化司. 创新理念 建设中国特色的国家大学科技园. 中国高新技术产业导报，2012-10-29

[54]科技部网站 http://www.most.gov.cn/

[55]教育部网站 http://www.moe.edu.cn/

[56]商务部网站 http://www.mofcom.gov.cn/

[57]各大学科技园官方网站

南开大学出版社网址：http://www.nkup.com.cn

投稿电话及邮箱： 022-23504636 QQ：1760493289
QQ：2046170045(对外合作)
邮购部： 022-23507092
发行部： 022-23508339 Fax：022-23508542